Scratch

최고의 아빠가
알려주는 **1등 코딩,**

스크래치 3.0

KB201392

최고의 아빠가 알려주는 1등 코딩, 스크래치 3.0

초판발행 2019년 9월 10일

지은이 김종훈 / **펴낸이** 김태헌
펴낸곳 한빛미디어(주) / **주소** 서울시 서대문구 연희로2길 62 한빛미디어(주) IT출판사업부
전화 02-325-5544 / **팩스** 02-336-7124
등록 1999년 6월 24일 제25100-2017-000058호
ISBN 979-11-6224-210-0 93000

총괄 전태호 / **책임편집** 전정아 / **기획** 박민아 / **편집** 방세근
디자인 표지 박정화 내지 김연정 / **조판** 김현미
영업 김형진, 김진불, 조유미 / **마케팅** 송경석, 조수현, 이행은, 홍혜은 / **제작** 박성우, 김정우

이 책에 대한 의견이나 오탈자 및 잘못된 내용에 대한 수정 정보는 한빛미디어(주)의 홈페이지나 아래 이메일로
알려주십시오. 잘못된 책은 구입하신 서점에서 교환해 드립니다. 책값은 뒤표지에 표시되어 있습니다.

한빛미디어 홈페이지 www.hanbit.co.kr / 이메일 ask@hanbit.co.kr
학습 사이트 cafe.naver.com/scratchprogramming

지금 하지 않으면 할 수 없는 일이 있습니다.
책으로 펴내고 싶은 아이디어나 원고를 메일(**writer@hanbit.co.kr**)로 보내주세요.
한빛미디어(주)는 여러분의 소중한 경험과 지식을 기다리고 있습니다.

사용연령 8세 이상 / **제조국** 대한민국
사용상 주의사항 책종이가 날카로우니 베이지 않도록 주의하세요.

최고의 아빠가 알려주는 1등 코딩, 스크래치 3.0

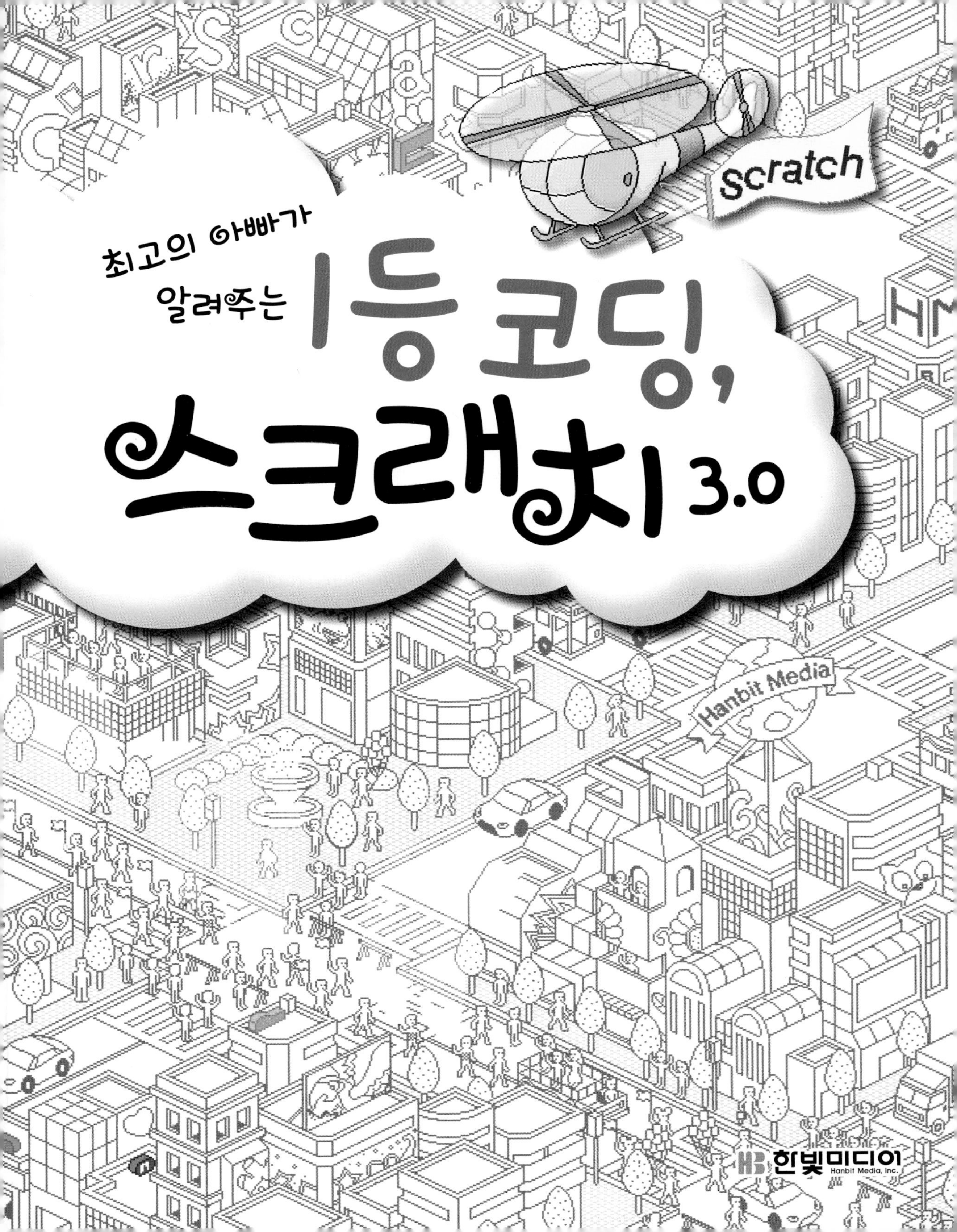

한빛미디어
Hanbit Media, Inc.

저자의 글

창의적 인재 양성을 위해 우리나라를 비롯한 많은 국가의 초 · 중등학교에서 소프트웨어 교육을 의무적으로 실시하고 있습니다. 특히 국내 초 · 중등학교 교육 과정에서는 블록 기반 언어로 소프트웨어 교육을 실시하고 있습니다.

이런 블록 기반 언어 중 전 세계에서 가장 많이 사용되는 언어가 바로 '스크래치(SCRATCH)'입니다. 미국 매사추세츠 공과대학(MIT) 미디어 랩에서 2007년 1월에 개발한 스크래치는 레고처럼 블록을 마우스로 끌어다 연결해가면서 프로그램을 만들기 때문에 프로그래밍을 처음 접하는 사람들도 쉽게 만들 수 있습니다. 또한 누구나 무료로 사용할 수 있는 소프트웨어로, 그림, 애니메이션, 사운드 등 다양한 미디어를 지원하고 있어서 원하는 형식의 프로그램을 쉽게 만들 수 있습니다.

저는 수년간 과학영재교육원 초등정보반 학생, 교육대학 학생, 초 · 중등학교 선생님, 그리고 지금은 중 · 고등학생이 된 제 아이들을 대상으로 스크래치를 강의해왔습니다. 현재는 회원 수 약 만 명 규모의 소프트웨어 교육 온라인 커뮤니티와 재능 기부 형태의 소프트웨어 교육 교실 프로그램을 운영하고 있습니다. 또한 중등학교 정보 교과서, 중국으로 판권 수출된 『스크래치 알고리즘』(한빛미디어, 2014) 등 30여 권의 소프트웨어 교육 도서를 집필했습니다.

이런 다양한 경험을 통해 얻은 지식을 토대로 소프트웨어 교육의 목적인 문제 해결 능력과 창의성을 길러줄 내용을 이 책에 담고자 노력했습니다. 그렇기에 올바른 스크래치를 배우고자 하는 초 · 중등학생, 스크래치를 가르치는 선생님, 프로그래밍을 처음 접하는 초보자에게 이 책을 적극적으로 권합니다.

이 책에서는 학습 효과를 극대화하기 위해 각 LESSON에서 다루고 있는 기본 프로젝트 외에 도전문제를 제공하며, 문제에 대한 풀이도 책 후반부에 제공합니다. 풀이를 보기 전에 반드시 스스로 해결해보기 바랍니다. 문제를 직접 해결해보는 과정이 무엇보다 중요합니다.

또한 이 책을 학습하면서 저자가 직업 운영하는 커뮤니티(https://cafe.naver. com/scratchprogramming)를 이용하면 두 배의 학습 효과를 누릴 수 있습니다. 책에 나오는 모든 예제와 자료를 이용할 수 있고, [질의응답] 게시판을 통해 스크래치를 비롯하여 소프트웨어 교육 전반에 관한 궁금증도 해결할 수 있습니다.

이 책이 나올 수 있도록 도움을 주신 박민아 과장님을 비롯한 한빛미디어(주) 식구들에게 감사의 말씀을 전합니다.

부디 이 책으로 '스크래치를 통한 올바른 소프트웨어 교육'을 경험해보기 바랍니다.

2019년 8월 김종훈

> **"IT 전문가가 되고 싶은 친구, 자신의 창의성을 더 크게 키우고 싶은
> 모든 초·중등학교 친구들에게 이 책을 추천합니다."**

안녕하세요. 저는 아라중학교 3학년 김동건입니다. 이 책을 쓰신 김종훈 교수님이 저희 아버지이시죠.

저는 초등학교 2학년 때부터 아버지에게서 스크래치를 배웠습니다. 덕분에 '2013년 공개 소프트웨어 개발자 대회 주니어 부문'에서 초등부 전국 1등을 하고, 미국 실리콘밸리에 연수도 다녀올 수 있었어요. 이후에는 해커톤 대회 등 여러 코딩 대회에 참여해서 새롭고 재미있는 경험을 많이 해보았습니다.

스크래치로 프로그래밍 기초를 탄탄하게 만든 후에는 아버지로부터 C 언어를 배워 '한국정보올림피아드 경시부문 전국대회'에서 은상을 받을 수 있었습니다.

요즘은 제가 만든 앱을 구글 플레이 스토어에 배포하는 일에 푹 빠져 있어요. '통계계산기', '사칙연산 공부방', '행운의 추첨' 같은 앱을 개발하여 구글 플레이 스토어에 무료로 올리고 있는데, 제 앱을 필요로 하는 사람들에게 조금이나마 도움을 드리고 있다는 게 너무 기분이 좋습니다(참고: https://play.google.com/store/apps/developer?id=Donggeon+Kim).

저는 이런 다양한 활동을 통해 IT 전문가라는 꿈을 구체적으로 그리고, 그 꿈을 이루려고 더욱 노력하고 있습니다. 그리고 그 꿈의 시작은 아버지로부터 배운 스크래치였습니다. 즐겁게 놀이하듯 시작한 스크래치 덕분에 지금껏 프로그래밍은 제게 '가장 재미있는 놀이'입니다.

이 책은 스크래치를 쉽게 배울 수 있으면서도 재미만이 아닌 컴퓨팅 사고력을 제대로 키울 수 있도록 만들어졌습니다.

IT 전문가를 꿈꾸는 친구뿐만 아니라 융합적 사고력, 창의적 문제 해결 능력을 키우고 싶은 모든 초·중등학교 친구들에게 이 책을 추천합니다.

안녕히 계세요.

아라중학교 3학년 **김동건**

목차

시작하기 전에

☑ **이 책의 프로젝트는 아래 2가지 방법으로 실행할 수 있습니다.**

① **저자 카페에서 '2배로' 스크래치 즐기기**

https://cafe.naver.com/scratchprogramming의 [스크래치 책] 게시판에 접속해보세요. 완성된 프로젝트, 학습용 미완성 프로젝트, 그리고 도전 문제에 대한 프로젝트를 제공하고 있습니다. 각 LESSON에 해당하는 게시글을 클릭하고 어떤 프로젝트를 만들지 미리 살펴보고 즐겨보세요!

② **스크래치 홈페이지에서 '간단하게' 스크래치 즐기기**

아래와 같이 각 LESSON의 준비 메뉴에 적힌 주소를 인터넷 주소창에 입력하여 들어가면 해당 프로젝트에 바로 접속할 수 있습니다.

 **Play** ⟩ **프로젝트 실행하기**

준비 인터넷 주소창에 https://scratch.mit.edu/projects/279024609/를 입력한 후 [Enter]를 눌러 접속하세요.

☑ **도전 문제는 꼭 풀어야 다음 단계를 진행할 수 있습니다.**

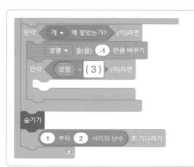

05 도전문제 6-3 '생명'이 0이 되는 조건을 만들고자 합니다. 그렇다면 (3)에는 어떤 값이 들어가야 하는지 생각해보고 채우기 바랍니다.

위 그림과 같이 프로젝트에 포함된 도전 문제를 모두 풀어야 다음 단계를 진행할 수 있습니다. 빠뜨리지 말고 꼭 풀어보세요! [정답과 풀이]는 388쪽에서 제공합니다.

LESSON

01

스크래치 준비하기

👉 이 장에서 배울 핵심 포인트

- 스크래치가 어떤 언어인지 알아봅니다.
- 스크래치 웹사이트에 회원 가입을 해봅니다.
- 인터넷 연결이 안되는 환경을 위해 오프라인 에디터도 설치합니다.

스크래치란?

스크래치Scratch란 미국의 매사추세츠 공과대학(MIT) 미디어 랩에서 2007년 1월에 개발한 교육용 프로그래밍 언어로, 누구나 쉽게 프로그램을 만들 수 있도록 하는 데 목적을 두고 탄생했습니다. 레고처럼 블록을 마우스로 끌어다 연결해가면서 프로그램을 만들기 때문에 프로그래밍을 처음 접하는 사람들도 쉽게 만들 수 있으며, 전 세계에서 가장 많이 사용되는 교육용 프로그래밍 언어입니다.

▲ 스크래치 웹사이트

스크래치는 누구나 무료로 사용할 수 있는 소프트웨어입니다. 또한 그림, 애니메이션, 사운드 등 다양한 미디어를 지원하고 있어서 여러분이 원하는 다양한 형식의 프로그램을 스크래치로 만들 수 있습니다.

2013년 5월에 인터넷 기반의 2.0 버전이 발표되었으며, 소프트웨어를 설치하지 않고 웹 브라우저에서 직접 프로그램을 만들고 저장할 수 있습니다. 현재 최신 버전은 2019년 1월에 발표한 3.0으로 스마트폰에서도 사용할 수 있습니다.

그럼 스크래치의 첫 화면을 볼까요? 여러분의 컴퓨터에 웹 브라우저를 띄우고 주소창에 http://scratch.mit.edu를 입력한 후에 화면 맨 윗줄의 [만들기]를 클릭해보세요.

다음 화면이 보일 겁니다. 이 화면을 이용해서 스크래치 프로그램을 만들 수 있습니다.

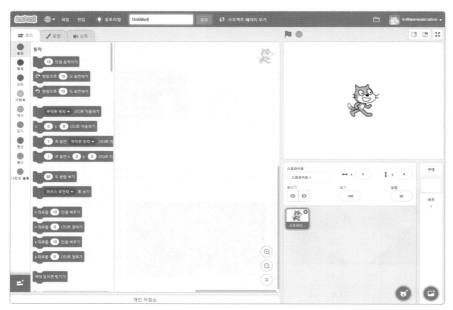

게임을 비롯한 다양한 프로젝트를 만들 수 있는데, 이 책에서 만들 프로젝트 몇 가지를 먼저 소개하겠습니다.

하늘에서 떨어지는 물고기 잡기

https://scratch.mit.edu/projects/281042947

방향키를 이용해 게를 움직이면서 하늘에서 떨어지는 물고기를 잡는 게임입니다. 물고기를 잡으면 점수가 올라갑니다. 번개에 맞으면 생명이 감소되니 조심하십시오. LESSON 06에서 여러분이 직접 만들어 볼 수 있습니다.

영어듣기평가

https://scratch.mit.edu/projects/278706872

[영어듣기] 버튼을 클릭한 후 영어 문장 또는 단어를 입력하면 음성으로 출력하고, [테스트하기] 버튼을 클릭하면 동물 영어 이름을 음성으로 들려주고, 사용자가 이를 맞히는 게임입니다. 이 프로젝트는 LESSON 19에서 만듭니다.

이외에도 훨씬 다양한 게임과 프로그램을 직접 만들 수 있습니다. 또한 스크래치 웹사이트를 방문하면 다른 사람들이 만들어 공유한 다양한 프로젝트를 즐길 수도 있습니다. 물론 모두 스크래치로 만든 게임입니다.

이제 스크래치가 무엇인지 궁금해졌을 거라 생각합니다. 우리 함께 스크래치를 준비해봅시다.

스크래치 웹사이트 회원 가입하기

01 웹 브라우저 주소창에 https://scratch.mit.edu를 입력하여 스크래치 웹사이트를 방문합니다.

02 화면 위에 있는 [스크래치 가입]을 클릭합니다.

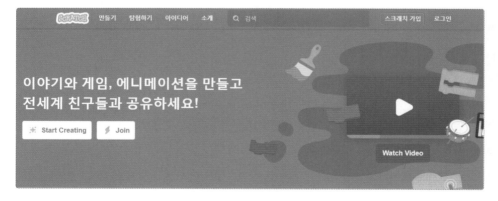

03 사용자 이름과 비밀번호를 입력하고 [다음] 버튼을 클릭합니다. 사용자 이름은 별명을 입력하고, 비밀번호는 동일한 내용을 두 번 입력합니다. 혹시 잘못 입력했을 경우를 대비하기 위해 재차 확인하는 것입니다.

04 생년월일, 성별, 국가 정보를 입력하고 [다음] 버튼을 클릭합니다.

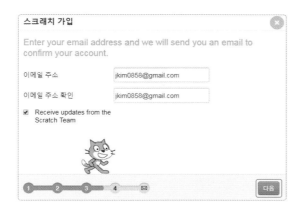

05 이메일 주소(혹은 보호자 이메일 주소)를 입력하고 [다음] 버튼을 클릭합니다. 아래 'Receive updates from the Scratch Team'에 체크 표시를 하면 이메일로 업데이트 소식을 받아볼 수 있습니다.

06 왼쪽과 같은 화면이 나타나면 회원가입에 성공한 것입니다. [자, 시작합시다!] 버튼을 클릭하면 로그인이 되어 스크래치 프로젝트 만들기를 시작할 수 있습니다. ⊗를 클릭하면 로그인을 하지 않고 가입창을 닫으므로 추후 [로그인] 버튼을 클릭해 사용자 이름과 비밀번호를 입력해 로그인해주세요(009쪽 참조).

스크래치 오프라인 에디터 설치하기

스크래치 오프라인 에디터는 인터넷 연결없이 스크래치 프로젝트를 작업할 수 있도록 PC에 설치해놓고 사용하는 프로그램으로, 인터넷 연결이 안되는 환경에서 매우 유용합니다.

01 웹 브라우저 주소창에 https://scratch.mit.edu를 입력하여 스크래치 웹사이트를 방문합니다. 그런 다음 화면 아래에 있는 [오프라인 에디터]를 클릭합니다.

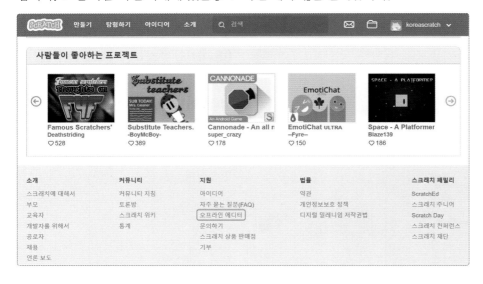

02 윈도용으로 설치해보겠습니다. [Windows]가 선택된 상태에서 ① 스크래치 데스크톱
다운로드 아래에 위치한 [다운로드] 버튼을 클릭합니다. 잠시 후 웹 브라우저 창 아래쪽에서
Scratch Desktop Setup 3.5.0.exe라는 설치 파일을 확인할 수 있습니다. 더블클릭하여
실행합니다.

03 설치를 시작하기 전에 다음과 같은
창이 나타납니다. 스크래치 오프라인 에
디터를 컴퓨터의 공용 계정으로 사용할
지 개인 계정으로 사용할지를 묻는 창입
니다. 원하는 것을 선택하고 [설치] 버튼
을 클릭해 진행합니다.

04 설치가 완료되면 다음과 같은 창이
나타납니다. [Scratch Desktop 실행
하기]가 체크되어 있는 상태로 [마침] 버
튼을 클릭합니다.

05 오프라인 에디터가 열립니다.

06 여러분의 윈도 바탕화면에는 오프라인 에디터 아이콘이 추가됩니다. 이 아이콘을 더블클릭하면 오프라인 에디터가 실행됩니다.

스크래치 화면 살펴보기

자, 이제 인터넷에 접속할 수 있는 환경에서는 스크래치 웹사이트에서, 인터넷에 접속할 수 없는 환경에서는 오프라인 에디터를 실행해 언제 어디서나 쉽게 프로그래밍할 수 있게 되었습니다. 그러나 스크래치 웹사이트에 로그인하면 제작한 프로젝트를 스크래치 웹사이트에 바로 저장하고, 실행하고, 수정도 할 수 있으므로 이 책에서는 웹사이트에서 프로그래밍하는 내용을 중심으로 살펴보겠습니다.

01 웹 브라우저 주소창에 https://scratch.mit.edu를 입력합니다. 그런 다음 [로그인] 버튼을 클릭해서 사용자 이름과 비밀번호를 입력해 로그인합니다. 회원 가입 방법은 004쪽에서 살펴보았습니다.

02 화면 위의 [만들기]를 클릭합니다.

03 스크래치 프로그램을 만들 수 있는 화면이 나옵니다. 구성 요소가 많아 보이는데 화면의 대표 기능만 간단히 설명하겠습니다. 여기서 설명하지 않은 도구들은 프로젝트를 진행하면서 자세히 설명할 예정이니 지금은 무엇이 있는지 이름만 익혀둡시다.

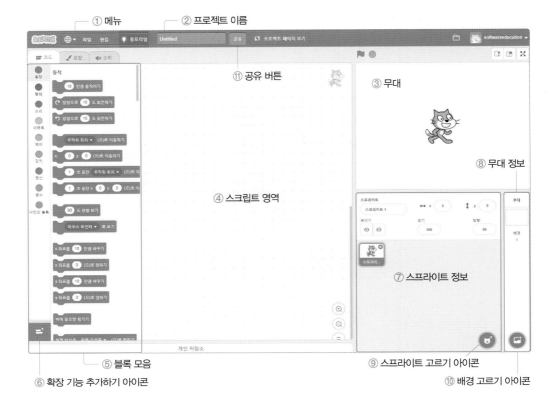

① 메뉴: 언어 선택(🌐), 파일, 편집, 튜토리얼 등의 기능을 이용할 수 있습니다.

② 프로젝트 이름: 현재 작업 중인 프로젝트의 이름으로, 사용자가 변경할 수 있습니다.

③ 무대: 스프라이트가 동작하는 공간입니다.

④ 스크립트 영역: 블록을 이용해서 스크립트를 작성하는 영역입니다.

⑤ 블록 모음: 프로그램을 작성하기 위한 블록들을 모아놓은 곳입니다.

⑥ 확장 기능 추가하기 아이콘: 음악, 펜, 텍스트 음성 변환, 번역 등의 기능을 추가할 수 있습니다.

⑦ 스프라이트 정보: 프로젝트에 포함된 스프라이트의 목록과 정보를 보여주고, 새로운 스프라이트를 만들 수 있습니다.

⑧ 무대 정보: 현재 무대 배경을 보여주고, 새로운 배경을 만들 수 있습니다.

⑨ 스프라이트 고르기 아이콘: 새로운 스프라이트를 만들 수 있습니다.

⑩ 배경 고르기 아이콘: 새로운 배경을 만들 수 있습니다.

⑪ 공유 버튼: 프로젝트를 다른 사람과 공유할 수 있습니다.

Tutorial 스프라이트와 스크립트

다음 그림을 봅시다. 바닷가 무대를 배경으로 고양이와 앵무새가 있네요. 이렇게 무대 위에서 움직이는 개체를 '스프라이트'라 합니다. 스프라이트에 이동, 연산 등을 하도록 명령하면 그에 따라 다양하게 움직이거나 명령을 수행합니다.

그렇다면 어떻게 스프라이트에게 명령을 할까요? 그게 바로 '스크립트'입니다. 스프라이트가 어떤 동작을 하는지를 나타내는 것이 스크립트인데, 여러분이 직접 만들 부분입니다. 그럼 스크립트의 예를 한번 봅시다. 다음 예가 무엇을 하는 스크립트인지 상상해보세요. 지금은 당연히 몰라도 상관없습니다. 차차 알아보겠습니다.

```
클릭했을 때
무한 반복하기
    10 만큼 움직이기
  다음 모양으로 바꾸기
      야옹 ▼ 재생하기
    1 초 기다리기
```

LESSON
02
말하며 움직이는 고양이

👉 **이 장에서 배울 핵심 포인트**

- 스크래치를 이용해서 프로젝트를 만드는 방법을 이해합니다.
- 무대 배경을 변경하는 방법을 이해합니다.
- 말하고 움직이는 방법을 이해합니다.

그림으로 미리보기

고양이가 말을 합니다.

무대 배경이 변경됩니다.

다른 위치로 이동합니다.

 **Play** 프로젝트 실행하기

준비 인터넷 주소창에 https://scratch.mit.edu/projects/279024609/를 입력한 후 Enter 를 눌러 접속하세요.

첫 번째 프로젝트인 '말하며 움직이는 고양이'를 실행해보겠습니다.

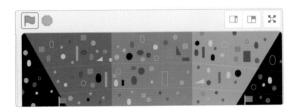

01 무대 왼쪽 위의 [시작하기] 아이콘 🏴을 클릭하면 프로젝트가 실행됩니다.

02 배경이 학교로 바뀌면서 고양이가 '안녕! 반가워!'와 '배경을 바꿔볼게.'라는 말을 합니다.

03 배경이 축구장으로 바뀌고 고양이가
앞뒤로 움직입니다.

04 '또 만나!'를 말하고 종료됩니다.

 **Make** 프로젝트 작성하기

Step 1. 스크래치 실행하기

스크래치 웹사이트에서 첫 번째 프로젝트를 만들기 위해 몇 가지 준비를 해보겠습니다.

01 스크래치 웹사이트 https://scratch.mit.edu를 방문하여 로그인합니다. 로그인하지 않아도 프로젝트를 만들 수는 있지만 프로젝트를 저장할 수 없으므로 가급적 로그인하는 것이 좋습니다. 로그아웃은 사용자 이름 옆의 펼치기 버튼 ▼을 클릭한 후 [로그아웃]을 선택하면 됩니다.

02 메뉴의 [만들기]를 클릭합니다.

03 프로젝트를 만들 수 있는 화면이 열립니다.

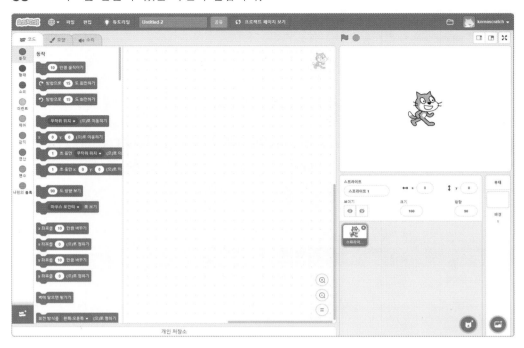

Step 2. **배경 가져오기**

이제, 무대 배경을 가져오겠습니다.

01 오른쪽 아래에 위치한 무대 정보 공간에서 [배경 고르기] 아이콘 을 클릭합니다.

클릭

Tutorial 새로운 배경 만들기

새로운 배경을 만드는 방식은 4가지가 있습니다.

① 배경 고르기(🔍): 스크래치에서 기본적으로 제공하는 배경을 가져옵니다.

② 그리기(✏️): 그림판을 이용해서 사용자가 직접 배경을 만듭니다.

③ 서프라이즈(🌟): 랜덤하게 배경을 가져옵니다.

④ 배경 업로드하기(⬆️): 임의의 이미지 파일을 가져와 배경으로 사용합니다.

02 [배경 고르기] 창에서 'School'을 선택합니다.

03 무대 배경이 변경됩니다.

04 다시 [배경 고르기] 아이콘 을 클릭한 후 'Soccer 2'를 선택하여 또 다른 배경을 가져옵니다.

배경을 'School'로 설정하기

무대 배경을 'School'로 설정해보겠습니다.

01 스프라이트 목록에서 고양이 모양의 스프라이트를 클릭하고, 이름을 '고양이'로 변경합니다.

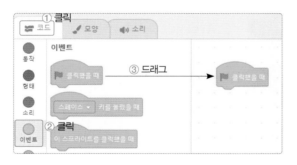

02 [코드] 탭의 [이벤트]를 클릭하고 클릭했을 때 블록을 스크립트 영역으로 드래그합니다.

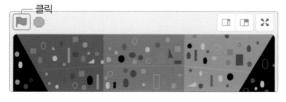

03 무대 위의 [시작하기] 아이콘 을 클릭하면 이 블록 아래에 연결될 블록들이 실행됩니다. 지금은 블록이 클릭했을 때 밖에 없으므로 특별한 실행 결과를 확인할 수는 없습니다.

깃발 모양의 [시작하기] 아이콘 🏳을 클릭하면 아래에 연결된 블록들이 실행됩니다. 매 단계마다 [시작하기] 아이콘 🏳을 클릭해 중간 실행 결과를 확인하세요. 지금은 블록이 🏳 **클릭했을 때** 밖에 없으므로 특별한 실행 결과를 확인할 수는 없습니다.

04 [형태] 카테고리의 **배경을 배경1▼(으)로 바꾸기** 블록을 드래그하여 🏳 **클릭했을 때** 아래에 연결합니다.

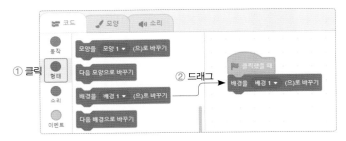

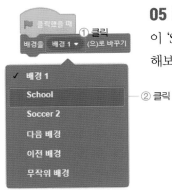

05 [배경1▼]을 클릭해 [School]을 선택합니다. 이제, 무대 배경이 'School'로 변경됩니다. [시작하기] 아이콘 🏳을 클릭해 확인해보세요.

Tutorial 블록을 잘못 가져왔다면?

스크립트 영역으로 블록을 잘못 가져왔다면, Backspace 나 Delete 키를 눌러 삭제해주세요.

인사말 하기

고양이 스프라이트가 인사말을 하도록 해봅시다.

01 [형태] 카테고리의 `안녕! 을(를) 2초 동안 말하기` 블록을 드래그하여 `배경을 School▼(으)로 바꾸기` 아래에 연결합니다.

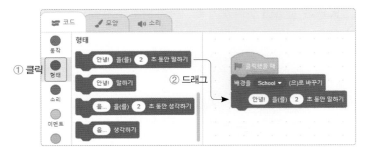

02 `안녕! 을(를) 2초 동안 말하기` 블록의 '안녕!'을 클릭해 글자가 선택되면 '안녕! 반가워!'로 입력합니다. 이제 '안녕! 반가워!'를 2초 동안 말하게 됩니다.

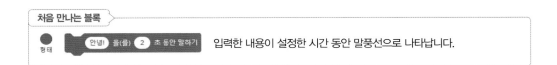

처음 만나는 블록

입력한 내용이 설정한 시간 동안 말풍선으로 나타납니다.

무대 배경을 'Soccer 2'로 변경해보겠습니다.

01 다시 한번, [형태] 카테고리의 `안녕! 을(를) 2초 동안 말하기` 블록을 드래그하여 연결하고, '안 녕!'을 '배경을 바꿔볼게.'로 변경해서 입력합니다.

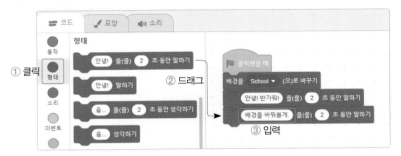

02 [형태] 카테고리의 `배경을 배경1▼(으)로 바꾸기` 블록을 드래그하여 연결합니다.

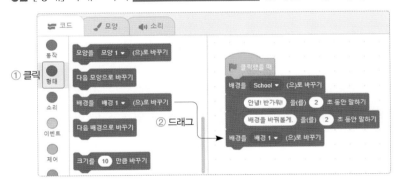

03 도전 문제 2-1 이번에는 무대 배경이 'Soccer 2'가 되도록 직접 수정해보세요. [정답 및 풀이 388쪽]

고양이 스프라이트가 앞뒤로 움직이도록 해보겠습니다.

01 [제어] 카테고리의 1초 기다리기 블록을 드래그하여 연결하고 '1'을 '0.5'로 변경해서 입력합니다. 고양이가 0.5초 동안 가만히 있습니다.

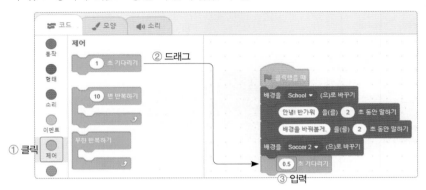

처음 만나는 블록

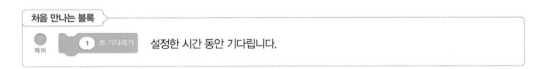

설정한 시간 동안 기다립니다.

02 [형태] 카테고리의 안녕! 을(를) 2초 동안 말하기 블록을 드래그하여 연결하고, '안녕!'을 '움직여볼게.'로 변경해서 입력합니다.

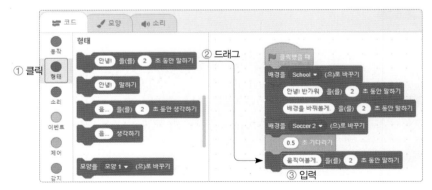

03 [동작] 카테고리의 `10만큼 움직이기` 블록을 연결하고 '10'을 '30'으로 변경해서 입력합니다. 고양이 스프라이트가 30만큼 앞으로 이동합니다.

처음 만나는 블록

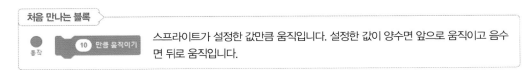

스프라이트가 설정한 값만큼 움직입니다. 설정한 값이 양수면 앞으로 움직이고 음수면 뒤로 움직입니다.

04 [제어] 카테고리의 `1초 기다리기` 블록을 연결하고 '1'을 '0.5'로 변경해서 입력합니다.

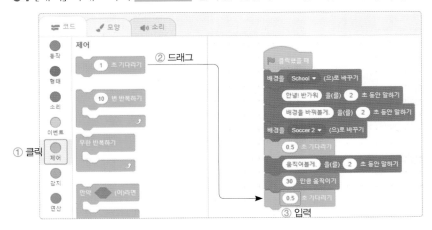

05 [동작] 카테고리의 `10만큼 움직이기` 블록을 연결하고 '10'을 '−30'으로 변경해서 입력합니다. 고양이 스프라이트가 30만큼 뒤로 이동하여 원래 위치로 돌아옵니다.

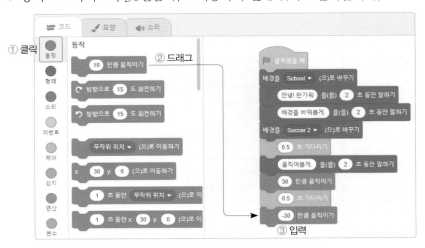

06 [형태] 카테고리의 `안녕! 을(를) 2초 동안 말하기` 블록을 드래그하여 연결하고, '안녕!'을 '또 만나!'로 변경해서 입력합니다.

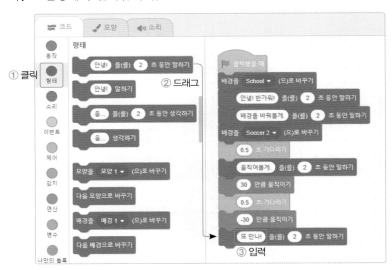

Step 7. **프로젝트 제목 정하기**

완성한 프로젝트의 제목을 정해봅시다.

메뉴 오른쪽의 'Untitled'를 원하는 제목으로 변경합니다. 여기서는 '말하며 움직이는 고양이'
로 변경합니다.

Step 8. **검토하기**

프로젝트가 완성되면 [시작하기] 아이콘 🏴을 클릭해 제대로 동작하는지 확인해봅니다. 만약
실행이 되지 않거나 실행 결과가 처음 의도했던 것과 다른 부분이 있으면 확인하여 수정합니
다. 추가적으로 궁금한 내용은 이 책 카페의 '말하며 움직이는 고양이(LESSON 02)' 게시글
의 댓글로 질문하시기 바랍니다.

📋 전체 코드 작성하기

🏴을 클릭하면 연결된 블록을 실행합니다.
무대 배경이 'School'로 바뀝니다.
'안녕! 반가워'를 2초 동안 말합니다.
'배경을 바꿔볼게.'를 2초 동안 말합니다.
무대 배경이 'Soccer 2'로 바뀝니다.
0.5초 기다립니다.
'움직여볼게.'를 2초 동안 말합니다.
30만큼 움직입니다.
0.5초 기다립니다.
−30, 즉 뒤로 30만큼 움직입니다.
'또 만나!'를 2초 동안 말합니다.

 **Boast** 프로젝트 뽑내기

프로젝트를 공유하고 홈페이지에 뽑내는 단계를 살펴보겠습니다.

01 스크래치 메인 화면에서 [내 작업실]에 들어갑니다.

02 공유하고 싶은 프로젝트를 클릭합니다.

03 [공유] 버튼을 클릭하여 다른 사람도 볼 수 있게 합니다.

04 여러분이 만든 프로젝트에 대한 설명도 입력해봅시다. 사용 방법 및 그외 기록해 놓을만한 참고사항 등을 입력해보세요. 그런 다음 [링크 복사]를 클릭하여 프로젝트의 주소를 복사합니다.

이 버튼을 클릭하면 다시 프로젝트 만들기 창으로 이동할 수 있습니다.

05 저자의 카페 https://cafe.naver.com/scratchprogramming를 방문합니다. 물론 회원으로 가입해야 합니다.

06 왼쪽 메뉴에서 [스크래치작품 자랑하기] 게시판으로 이동하여 [글쓰기] 버튼을 클릭합니다.

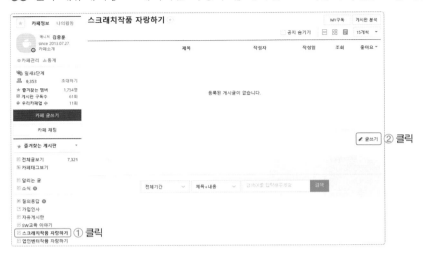

07 이 글의 제목란에 프로젝트 제목을 입력하고 복사한 프로젝트 주소를 본문에 붙여 넣습니다. 프로젝트 소개를 해주면 더 좋겠죠. [확인] 버튼을 클릭합니다.

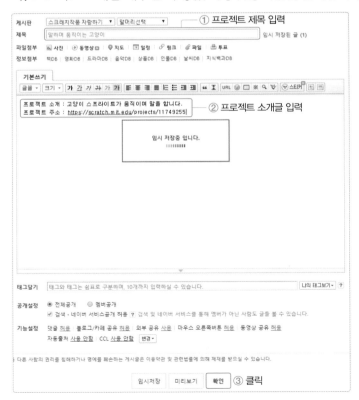

LESSON

03

움직이는 게

👉 이 장에서 배울 핵심 포인트
- 특정 부분을 반복해서 실행하는 반복 구조를 이해합니다.
- 조건에 따라 실행 내용이 달라지는 선택 구조를 이해합니다.
- 스크립트 간에 상호작용하는 기능인 신호 보내고 받기를 이해합니다.

그림으로 미리보기

[좌우로] 버튼을 클릭하면 게가 좌우로 움직입니다.

[마우스] 버튼을 클릭하면 게가 마우스 포인터를 따라 움직이도록 만듭니다.

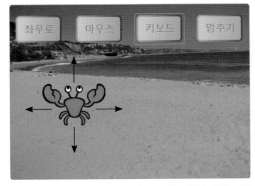

[키보드] 버튼을 클릭하면 방향키로 게를 상하 좌우로 움직입니다.

[멈추기] 버튼으로 게의 동작을 멈춥니다.

프로젝트 실행하기

준비 인터넷 주소창에 https://scratch.mit.edu/projects/279888244/를 입력한 후 Enter를 눌러 접속하세요.

'움직이는 게' 프로젝트를 실행해보겠습니다.

01 무대 왼쪽 위의 ▶을 클릭하면 프로젝트가 실행됩니다.

02 [좌우로] 버튼을 클릭하면 게가 좌우로 움직입니다.

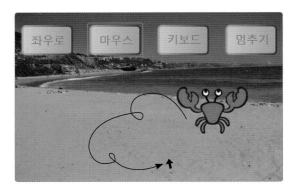

03 [마우스] 버튼을 클릭한 후 마우스를 움직이면 게가 마우스 포인터를 따라 움직입니다.

04 [멈추기] 버튼을 클릭해 게의 움직임을 멈춘 후 [키보드] 버튼을 클릭합니다. 키보드의 방향키를 누르면 게가 해당 방향으로 움직입니다.

05 무대 왼쪽 위의 [멈추기] 아이콘 ●을 클릭하면 프로젝트 실행이 종료됩니다.

 **개념 이해하기**

✓ **반복 구조**

다음은 앞뒤로 움직이는 동작을 3번 반복하는 스크립트입니다.

다음 블록이 세 번 반복되는 것을 알 수 있습니다.

그런데 만약 이 블록을 가지고 앞뒤로 움직이는 동작을 1000번 반복한다면 어떻게 될까요? 같은 블록들을 1000번 연결해야 하는 문제가 발생합니다. 이런 경우에 사용하는 것이 바로 **반복 구조**입니다. **반복 구조는 특정 부분을 반복하여 실행하는 구조**로, 앞뒤로 움직이는 동작을 100번 반복한다면 다음과 같이 구성합니다.

미니 실습

✔ 2초 간격으로 배경을 변경합니다.

무한 반복하기
배경을 배경 1 ▼ (으)로 바꾸기
2 초 기다리기
배경을 배경 2 ▼ (으)로 바꾸기
2 초 기다리기

✔ 1초 간격으로 무작위 위치로 이동하는 동작을 100번 반복합니다.

100 번 반복하기
무작위 위치 ▼ (으)로 이동하기
1 초 기다리기

✔ 선택 구조

다음은 '앗!'을 1초 동안 말하는 동작을 반복하는 스크립트입니다.

무한 반복하기
앗! 을(를) 1 초 동안 말하기

그런데 스프라이트를 마우스로 클릭한 경우에만 말을 하도록 하려면 어떻게 해야 할까요?

이런 경우에 사용하는 것이 선택 구조입니다. **선택 구조는 조건이 참이냐 거짓이냐에 따라 블록을 선택적으로 실행하는 구조**로, 마우스로 클릭했을 때 '앗!'을 말하는 동작을 선택 구조로 나타내면 다음과 같습니다.

무한 반복하기
만약 마우스를 클릭했는가? (이)라면
앗! 을(를) 1 초 동안 말하기

조건이 참이면 블록 안에 위치한 블록들을 실행합니다.

조건이 참이 될 때까지 블록 안에 위치한 블록들을 반복해서 실행합니다.

조건이 참이면 '만약~(이)라면' 안에 위치한 블록들을 실행하고, 거짓이면 '아니면' 안에 위치한 블록들을 실행합니다.

미니 실습

✔ 키보드의 [Space Bar]를 눌러 앞뒤로 움직입니다.

무한 반복하기
만약 스페이스 ▼ 키를 눌렀는가? (이)라면
  20 만큼 움직이기
  0.5 초 기다리기
  -20 만큼 움직이기
  0.5 초 기다리기

✔ 마우스 포인터에 닿을 때까지 앞뒤로 움직이는 동작을 반복합니다.

마우스 포인터 ▼ 에 닿았는가? 까지 반복하기
  20 만큼 움직이기
  0.5 초 기다리기
  -20 만큼 움직이기
  0.5 초 기다리기

✔ 스프라이트에 마우스 포인터가 위치하면 앞으로 10만큼 이동하고, 그렇지 않으면 뒤로 10만큼 이동합니다.

✔ 신호 보내고 받기

스프라이트 목록의 고양이를 마우스 오른쪽 버튼으로 클릭하고 [복사]를 선택하여 새로운 '고양이2' 스프라이트를 만들 수 있습니다.

이번에는 '고양이1'을 클릭하면 '고양이2'가 앞뒤로 움직이게 하려고 합니다. 어떻게 해야 할까요? 이런 경우에 사용하는 것이 신호 보내고 받기입니다.

신호 보내고 받기는 스프라이트들 간에 명령을 주고받을 수 있게 하는 것으로, 다음과 같습니다.

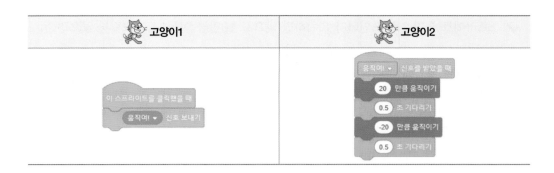 고양이1	고양이2

처음 만나는 블록

메시지1 ▼ 신호 보내기   설정한 신호를 보내고 아래에 연결된 블록들을 즉시 실행합니다.

메시지1 ▼ 신호 보내고 기다리기   설정한 신호를 보내고 해당 신호를 받으면 아래에 연결된 블록들을 실행합니다.

메시지1 ▼ 신호를 받았을 때   설정한 신호를 받으면 아래에 연결된 블록들을 실행합니다.

미니 실습

✔ '고양이1'을 클릭하면 '10번움직여!' 신호를 보내고 바로 앞뒤로 움직이는 동작을 10번 반복합니다. '고양이2'는 '10번움직여!' 신호를 받으면 앞뒤로 움직이는 동작을 10번 반복합니다.

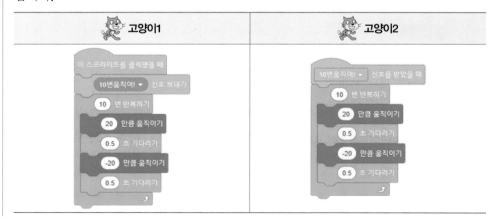 고양이1	고양이2

✔ '고양이1'을 클릭하면 '10번움직여!' 신호를 보내고 기다리다가 '고양이2'의 움직이는 동작이 종료되면 '수고했어!'라는 말을 합니다. '고양이2'는 '10번움직여!' 신호를 받으면 앞뒤로 움직이는 동작을 10번 반복합니다.

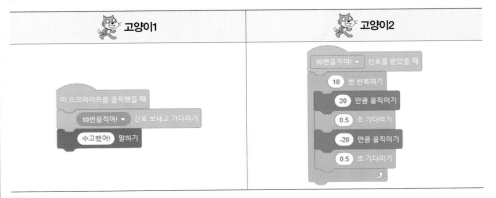

✔ 좌표

바둑판 모양의 종이에 고양이와 생쥐가 있습니다. 고양이와 생쥐의 위치를 표현해볼 수도 있습니다.

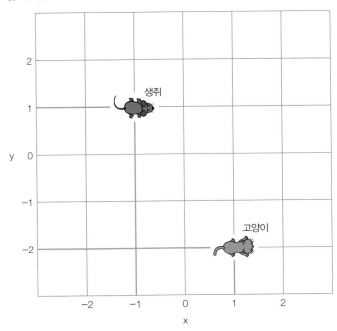

고양이는 1과 −2가 만나는 곳에 있으므로 위치를 (1, −2)로 나타낼 수 있고, 생쥐는 −1과 1이 만나는 곳에 있으므로 (−1, 1)로 나타낼 수 있습니다. 여기서 오른쪽과 왼쪽의 위치를 구분해 주는 수를 x 좌표라 하고, 위 아래 위치를 구분해 주는 수를 y 좌표라 합니다. 위치를 나타낼 때 x 좌표를 앞에, y 좌표를 뒤에 써서 (x 좌표, y 좌표)로 나타냅니다.

스크래치 역시 좌표를 이용해서 위치를 나타내는데, x축은 −240부터 240까지의 좌표값을 갖고 있으며, y축은 −180부터 180까지의 좌표값을 갖고 있습니다.

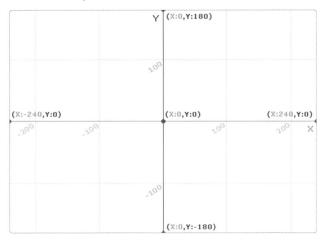

✓ (−30, 0) 좌표에서 x 좌표값을 30과 −30으로 바꾸는 동작을 5번 반복합니다.

```
x  -30  y:  0  (으)로 이동하기
   5  번 반복하기
x좌표를  30  (으)로 정하기
   0.5  초 기다리기
x좌표를  -30  (으)로 정하기
   0.5  초 기다리기
```

✓ (−50, 50) 좌표에서 x 좌표값과 y 좌표값을 100, −100만큼 바꾸는 동작을 반복하여 사각형 모양으로 움직입니다.

```
x  -50  y:  50  (으)로 이동하기
   5  번 반복하기
x좌표를  100  만큼 바꾸기
   0.5  초 기다리기
y좌표를  -100  만큼 바꾸기
   0.5  초 기다리기
x좌표를  -100  만큼 바꾸기
   0.5  초 기다리기
y좌표를  100  만큼 바꾸기
   0.5  초 기다리기
```

Make 〉프로젝트 작성하기

'말하며 움직이는 고양이'에 이어 새 프로젝트를 만들어보겠습니다. 스크래치 홈 화면이라면 [만들기]를 클릭하고, 스크립트 보기 창이라면 [파일] − [새로 만들기]를 선택해 새 프로젝트 를 만들 준비를 합니다.

Step 1. 게 스프라이트 가져오기

고양이 스프라이트를 삭제하고 게 스프라이트를 가져오겠습니다.

01 새 프로젝트를 시작하면 고양이 모양의 '스프라이트 1'이 기본적으로 나옵니다. 이번 프로젝트에서는 필요 없으니 스프라이트 목록의 '스프라이트 1'을 마우스 오른쪽 버튼으로 클릭하고 [삭제] 를 선택합니다.

02 '게' 스프라이트를 추가하기 위해 [스프라이트 고르기] 아이콘 ☺을 클릭합니다. [스프라이트 고르기] 창이 열리면 'Crab'을 클릭합니다.

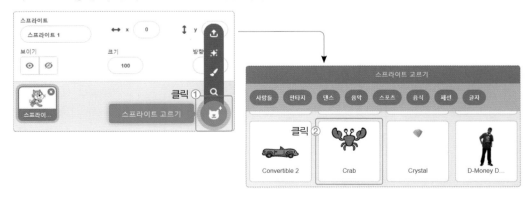

Tutorial 새로운 스프라이트 만들기

새로운 스프라이트를 만드는 방식은 4가지가 있습니다.

① 스프라이트 고르기(🔍): 스크래치에서 기본적으로 제공하는 스프라이트를 가져옵니다.

② 그리기(🖌): 그림판을 이용해서 사용자가 직접 스프라이트를 만듭니다.

③ 서프라이즈(🌟): 무작위로 스프라이트를 가져옵니다.

④ 스프라이트 업로드하기(⬆): 임의의 이미지 파일을 가져와 스프라이트로 사용합니다.

03 Crab 스프라이트가 무대에 추가되고 스프라이트 목록에 'Crab'이 나타납니다. 이 스프라이트의 이름을 '게'로 수정합니다.

Step 2. 버튼 만들기

'좌우로', '마우스', '키보드', '멈추기'가 적힌 버튼들을 만들어보겠습니다.

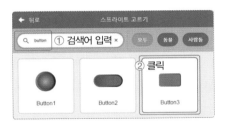

01 [스프라이트 고르기] 아이콘을 다시 한번 클릭한 후 [스프라이트 고르기] 창에서 'Button 3'을 선택합니다. 원하는 스프라이트를 찾기 힘들 때는 검색창에 찾고자하는 스프라이트의 키워드를 입력해보세요. 여기서는 'button'을 입력해서 찾았습니다.

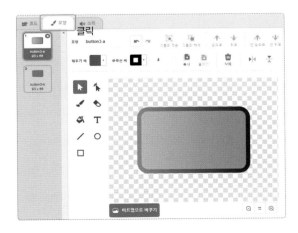

02 [모양] 탭을 클릭합니다.

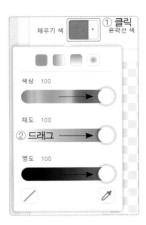

03 [채우기 색]을 클릭해 버튼에 들어갈 텍스트의 색상을 빨간색으로 설정합니다.

04 [텍스트] 도구 **T**를 클릭하고 버튼 안에 '좌우로'를 입력합니다. 만약 텍스트 위치가 정확하지 않으면 [선택] 도구 ▶를 클릭한 후 텍스트 위치를 이동시킵니다. 모양을 만드는 도중 앞 단계로 되돌리고 싶을 때는 [되돌리기] 도구 ◤를 클릭합니다.

05 스프라이트의 이름을 '좌우로'로 변경합니다.

06 버튼 3개를 더 추가하려고 합니다. **01~05**를 반복해도 되지만, 이미 만든 버튼을 복사하는 방법이 더 편리합니다. 스프라이트 목록의 '좌우로' 스프라이트를 마우스 오른쪽 버튼으로 클릭하고 [복사]를 선택합니다. 그러면 또 다른 버튼 모양의 스프라이트가 만들어지는데, 이 방법으로 버튼 3개를 추가합니다.

07 두 번째 버튼을 선택하고 [모양] 탭을 클릭해 '좌우로'가 적힌 텍스트를 더블클릭한 후 '마우스'로 수정합니다. 스프라이트 이름도 '마우스'로 변경합니다.

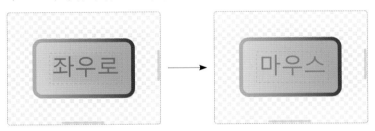

08 같은 방법으로 세 번째 버튼은 '키보드', 네 번째 버튼은 '멈추기'로 수정합니다. 그리고 각 스프라이트의 이름을 '키보드', '멈추기'로 변경합니다.

09 버튼들을 무대 위 적당한 위치로 이동합니다.

버튼 클릭하여 신호 보내기

각 버튼을 클릭하면 신호를 보내도록 해보겠습니다.

01 '좌우로' 스프라이트로 이동해서 [코드] 탭을 클릭합니다. [이벤트] 카테고리의 이 스프라이 트를 클릭했을 때 블록을 스크립트 영역으로 드래그합니다. 이 스프라이트를 클릭하면 아래에 연결된 블록들이 실행되는 기능을 합니다.

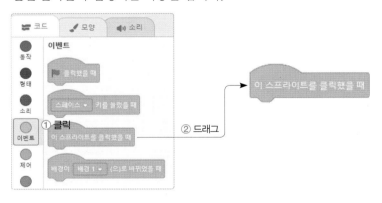

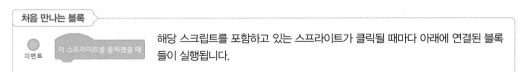

처음 만나는 블록

이벤트 이 스프라이트를 클릭했을 때 해당 스크립트를 포함하고 있는 스프라이트가 클릭될 때마다 아래에 연결된 블록들이 실행됩니다.

02 [이벤트] 카테고리의 메시지1▼ 신호 보내기 블록을 드래그하여 이 스프라이트를 클릭했을 때 블록 아래에 연결합니다.

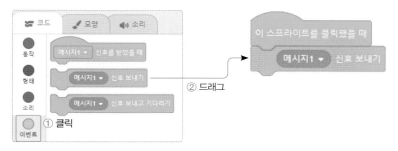

03 [메시지1▼]을 클릭하고 [새로운 메시지]를 선택합니다. [새로운 메시지] 창에서 새로운 메시지 이름을 '좌우로'로 입력하고 [확인] 버튼을 클릭합니다. '좌우로' 스프라이트를 클릭하면 '좌우로' 신호가 방송됩니다.

처음 만나는 블록

메시지1▼ 신호 보내기   설정한 신호를 보내고 아래에 연결된 블록들을 즉시 실행합니다.

---

04 '마우스', '키보드', '멈추기' 스프라이트의 스크립트를 직접 작성해도 되지만 '좌우로' 스프라이트의 스크립트와 유사하므로 복사해서 사용하는 것이 편리합니다. '좌우로' 스프라이트의 이 스프라이트를 클릭했을 때를 클릭하여 스프라이트 목록의 '마우스' 스프라이트로 드래그합니다.

05 '마우스' 스프라이트를 클릭하면 스크립트가 복사된 것을 확인할 수 있습니다. 좌우로▼ 신호 보내기 블록의 [좌우로▼]를 클릭하고 [새로운 메시지]를 선택합니다.

06 [새로운 메시지] 창에서 새로운 메시지 이름을 [마우스]로 입력하고 [확인] 버튼을 클릭합니다.

응용 문제 3-1 ⓒ

'키보드' 스프라이트에서는 '키보드' 신호를 보내고, '멈추기' 스프라이트에서는 '멈추기' 신호를 보내도록 직접 만들어보세요. [정답 및 풀이 388쪽]

Step 4. **좌우로 움직이기**

[좌우로] 버튼을 클릭하면 '게' 스프라이트가 좌우로 움직이도록 해보겠습니다.

01 스프라이트 목록의 '게' 스프라이트를 클릭합니다.

02 '게' 스프라이트가 뒤집히지 않게 하기 위해 [이벤트] 카테고리의 `▶ 클릭했을 때`를 스크립트 영역으로 드래그하고, [동작] 카테고리의 `회전 방식을 왼쪽-오른쪽▼(으)로 정하기` 블록을 연결합니다. ▶을 클릭하면 '게' 스프라이트의 회전 방식이 '왼쪽-오른쪽'으로 설정되게 만든 것입니다.

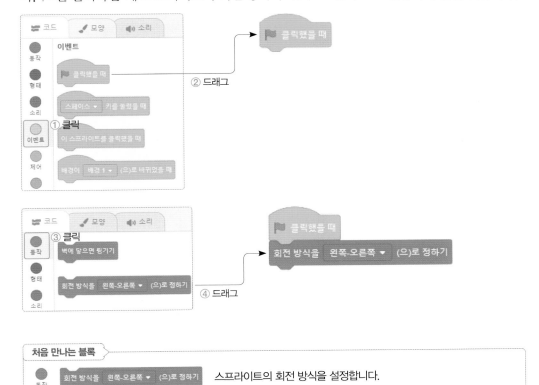

처음 만나는 블록

동작 `회전 방식을 왼쪽-오른쪽▼ (으)로 정하기` 스프라이트의 회전 방식을 설정합니다.

Tutorial 회전 방식

스프라이트의 방향이 변경될 때 모양이 어떻게 보여질지 설정하는 것으로 3가지 방식이 있습니다.

① 왼쪽-오른쪽: 스프라이트의 방향이 왼쪽 또는 오른쪽으로 변경될 때 모양이 왼쪽-오른쪽 방향으로 변경됩니다.

② 회전하지 않기: 스프라이트의 방향이 변경되더라도 모양은 변하지 않습니다.

③ 회전하기: 스프라이트의 방향이 변경될 때마다 모양이 회전됩니다.

03 [이벤트] 카테고리의 마우스▼ 신호를 받았을 때 블록을 스크립트 영역으로 드래그한 후, [마우스▼]를 클릭해 [좌우로]를 선택합니다. '좌우로' 신호를 받으면 아래에 연결된 블록들이 실행됩니다.

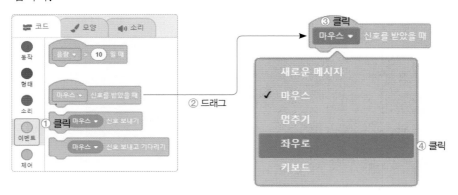

04 [동작] 카테고리의 x: ● y: ●(으)로 이동하기 블록을 드래그하여 좌우로▼ 신호를 받았을 때 블록 아래에 연결합니다. x값을 '0', y값을 '−130'으로 변경합니다. '좌우로' 신호를 받으면 (0, −130) 좌표로 이동합니다.

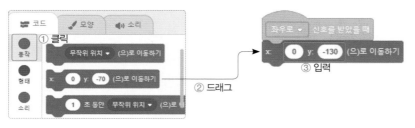

05 [동작] 카테고리의 90도 방향 보기 블록을 드래그하여 아래에 연결합니다. 만약 '90'으로 설정되어 있지 않으면 '90'으로 변경합니다. [제어] 카테고리의 무한 반복하기 블록을 드래그하여 아래에 연결합니다. 오른쪽 방향을 향하게 됩니다.

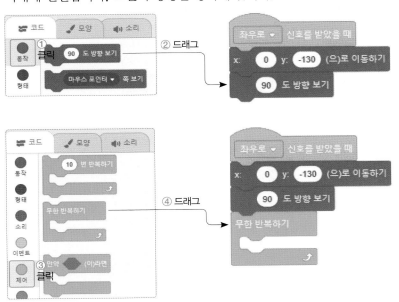

처음 만나는 블록

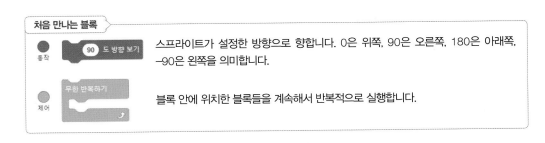

스프라이트가 설정한 방향으로 향합니다. 0은 위쪽, 90은 오른쪽, 180은 아래쪽, −90은 왼쪽을 의미합니다.

블록 안에 위치한 블록들을 계속해서 반복적으로 실행합니다.

06 [동작] 카테고리의 `10만큼 움직이기` 블록을 `무한 반복하기` 블록 안에 넣고 '10'을 '5'로 변경합니다. 게가 벽에 닿으면 방향을 반대로 바꾸기 위해 [동작] 카테고리의 `벽에 닿으면 튕기기` 블록을 아래에 연결합니다. 5만큼 움직이는 동작을 반복하는데, 벽에 부딪히면 반대 방향을 향해서 움직입니다.

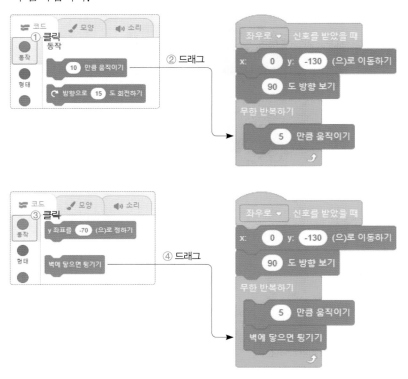

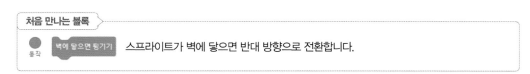

처음 만나는 블록

동작 **벽에 닿으면 튕기기** 스프라이트가 벽에 닿으면 반대 방향으로 전환합니다.

07 [모양] 탭을 클릭해보면 게 모양이 2개 있습니다. 이 2개의 모양을 번갈아가며 보여주면 게가 움직이는 것처럼 보입니다. [코드] 탭을 클릭해 [이벤트] 카테고리의 마우스▼ 신호를 받았을 때 블록을 드래그합니다. '마우스 ▼'를 클릭해 '좌우로'로 변경합니다.

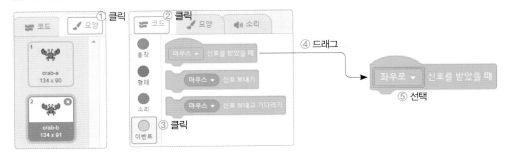

08 [제어] 카테고리의 무한 반복하기 블록을 드래그하여 아래에 연결하고, [형태] 카테고리의 다음 모양으로 바꾸기 블록을 안에 넣습니다.

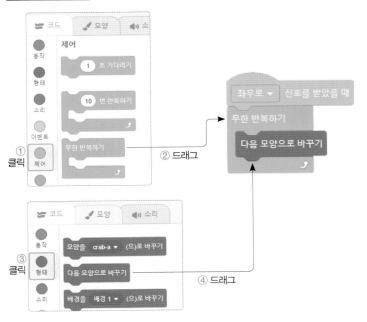

> **처음 만나는 블록**
>
> 🔴 다음 모양으로 바꾸기   스프라이트를 모양 리스트의 다음 순서의 모양으로 변경합니다. 만약 리스트의 마지막
> 형태   모양이라면 처음 모양으로 변경합니다.

09 [제어] 카테고리의 `1초 기다리기` 블록을 연결하고 '1'을 '0.5'로 변경합니다. '좌우로' 신호를
받으면 0.5초 간격으로 모양이 변경됩니다.

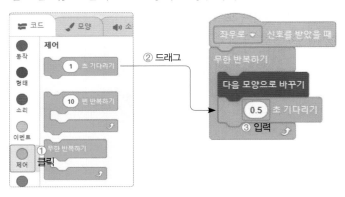

Step 5. 마우스 따라 움직이기

[마우스] 버튼을 클릭하면 '게' 스프라이트가 마우스 포인터를 따라가며 움직이도록 해보겠습
니다.

01 [이벤트] 카테고리의 `마우스▼ 신호를 받았을 때` 블록을 스크립트 영역으로 드래그합니다. 만
약 '마우스'로 설정되어 있지 않으면 '마우스'로 변경합니다. [제어] 카테고리의 `무한 반복하기` 블
록을 드래그하여 연결합니다.

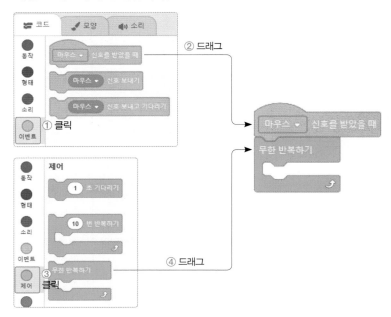

02 [동작] 카테고리의 마우스 포인터▼ 쪽 보기 블록을 무한 반복하기 블록 안에 넣습니다. [동작] 카테고리의 10만큼 움직이기 블록을 연결하고 '10'을 '5'로 변경합니다. '마우스' 신호를 받으면 마우스 포인터 방향으로 5만큼 움직이는 동작을 반복합니다.

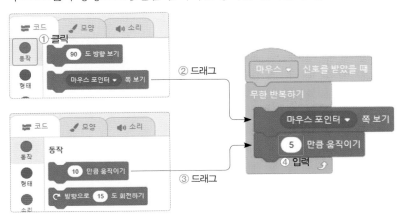

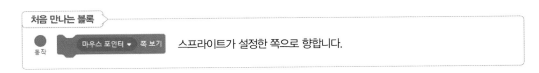

처음 만나는 블록

마우스 포인터 ▼ 쪽 보기   스프라이트가 설정한 쪽으로 향합니다.

03 '게' 스프라이트의 모양이 0.5초 간격으로 변경되도록 하기 위해 좌우로 신호를 받았을 때 다음 모양으로 바꾸는 스크립트를 마우스 오른쪽 버튼으로 클릭한 후 '복사하기'를 선택합니다. 빈 곳을 클릭해 복사된 스크립트가 하나 더 생기면 '좌우로'를 '마우스'로 변경합니다.

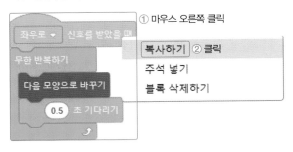

Step 6. 키보드 방향키로 움직이기

[키보드] 버튼을 클릭하면 키보드 방향키에 의해 '게' 스프라이트가 상하좌우로 움직이도록 해 보겠습니다.

01 [이벤트] 카테고리의 마우스▼ 신호를 받았을 때 블록을 가져와 '키보드'로 변경하고, [제어] 카 테고리의 무한 반복하기 블록을 연결합니다.

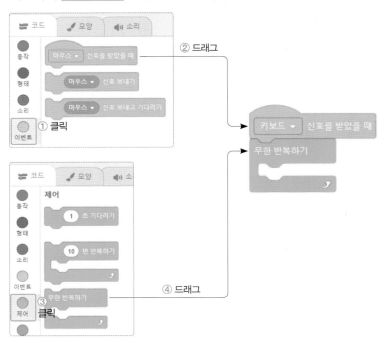

02 [제어] 카테고리의 만약 ◇(이)라면 블록을 무한 반복하기 안에 넣습니다.

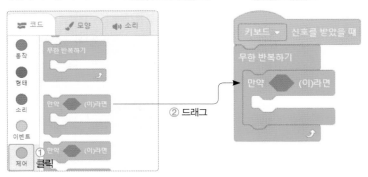

03 [감지] 카테고리의 `스페이스▼ 키를 눌렀는가?` 블록을 `만약 ◇(이)라면` 블록의 ◇으로 넣고, ▼ 를 클릭해 '왼쪽 화살표'를 선택합니다.

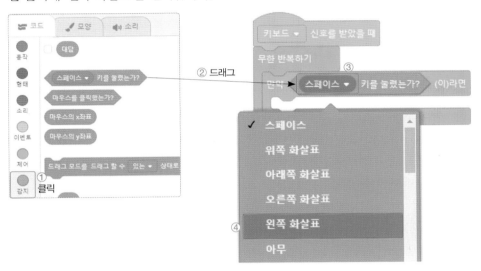

04 [동작] 카테고리의 `90도 방향 보기` 블록을 `만약 ◇(이)라면` 블록 안에 넣고 '90'을 '−90'으로 변경합니다. [동작] 카테고리의 `10만큼 움직이기` 블록을 연결합니다. 키보드의 왼쪽 방향키를 누르면 '게' 스프라이트가 왼쪽으로 10만큼 이동합니다.

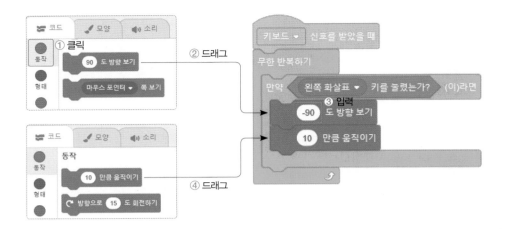

05 도전 문제 3-1 ㉮를 세 번 복사해서 아래에 연결시킨 후 오른쪽, 아래쪽, 위쪽 방향키를 누르면 해당 방향으로 움직이도록 (1)을 채우기 바랍니다. [정답 및 풀이 388쪽]

06 마우스를 신호를 받았을 때 다음 모양으로 바꾸는 스크립트를 복사하여 붙인 후 '마우스'를 '키보드'로 변경합니다.

Step 7. 멈추기

[멈추기] 버튼을 클릭하면 현재 진행 중인 동작을 멈추도록 해보겠습니다.

01 [이벤트] 카테고리의 마우스▼ 신호를 받았을 때 블록을 스크립트 영역으로 드래그한 후 '멈추기'로 변경합니다.

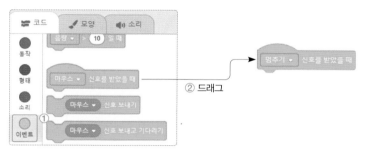

02 [제어] 카테고리의 멈추기 모두▼ 블록을 드래그하여 연결하고 '모두'를 '이 스프라이트에 있는 다른 스크립트'로 변경합니다. '멈추기' 신호를 받으면 '게' 스프라이트에 있는 다른 스크립트의 실행을 멈춥니다.

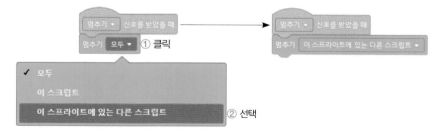

움직이는 게에 어울리는 배경을 넣어봅시다.

01 오른쪽 아래에 위치한 무대 정보 공간에서 [배경 고르기] 아이콘 을 클릭합니다.

클릭

02 [배경 고르기] 창에서 'Beach Malibu'를 선택합니다.

프로젝트가 완성되면 실행시켜 제대로 동작하는지 확인해봅니다. 만약 실행이 되지 않거나 실행 결과가 처음 의도했던 것과 다른 부분이 있으면 확인하여 수정합니다. 추가적으로 궁금한 내용은 이 책 카페의 '움직이는 게(LESSON 03)' 게시글의 댓글로 질문해주세요.

📑 전체 코드 작성하기

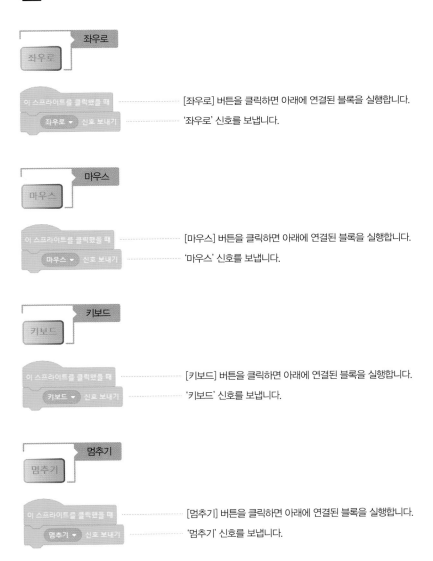

[좌우로] 버튼을 클릭하면 아래에 연결된 블록을 실행합니다.
'좌우로' 신호를 보냅니다.

[마우스] 버튼을 클릭하면 아래에 연결된 블록을 실행합니다.
'마우스' 신호를 보냅니다.

[키보드] 버튼을 클릭하면 아래에 연결된 블록을 실행합니다.
'키보드' 신호를 보냅니다.

[멈추기] 버튼을 클릭하면 아래에 연결된 블록을 실행합니다.
'멈추기' 신호를 보냅니다.

 게

▶을 클릭하면 아래에 연결된 블록을 실행합니다.

회전 방식을 '왼쪽-오른쪽'으로 설정합니다.

'좌우로' 신호를 받으면 아래에 연결된 블록을 실행합니다.

(0, −130) 좌표로 이동합니다.

오른쪽 방향을 향합니다.

안에 연결된 블록을 무한 반복 실행합니다.

5만큼 움직입니다.

벽에 닿으면 반대 방향으로 움직입니다.

'좌우로' 신호를 받으면 아래에 연결된 블록을 실행합니다.

안에 연결된 블록을 무한 반복 실행합니다.

다음 모양으로 바뀝니다.

0.5초 기다립니다.

'마우스' 신호를 받으면 아래에 연결된 블록을 실행합니다.

안에 연결된 블록을 무한 반복 실행합니다.

마우스 포인터 방향으로 움직입니다.

5만큼 움직입니다.

'마우스' 신호를 받으면 아래에 연결된 블록을 실행합니다.

안에 연결된 블록을 무한 반복 실행합니다.

다음 모양으로 바뀝니다.

0.5초 기다립니다.

'키보드' 신호를 받으면 아래에 연결된 블록을 실행합니다.

안에 연결된 블록을 무한 반복 실행합니다.

왼쪽 방향키를 누르면 왼쪽 방향으로 10만큼 움직입니다.

오른쪽 방향키를 누르면 오른쪽 방향으로 10만큼 움직입니다.

아래쪽 방향키를 누르면 아래쪽 방향으로 10만큼 움직입니다.

위쪽 방향키를 누르면 위쪽 방향으로 10만큼 움직입니다.

'키보드' 신호를 받으면 아래에 연결된 블록을 실행합니다.

안에 연결된 블록을 무한 반복 실행합니다.

다음 모양으로 바뀝니다.

0.5초 기다립니다.

'멈추기' 신호를 받으면 아래에 연결된 블록을 실행합니다.

'게' 스프라이트의 다른 스크립트들의 실행을 멈춥니다.

앵무새 1마리를 추가해서 게보다 속도를 좀 더 빠르게 해보세요. 앵무새는 'Parrot'을 이용하면 됩니다.

[정답 및 풀이 389쪽]

LESSON

04

생쥐를 잡아라

👉 이 장에서 배울 핵심 포인트

- 반복 구조와 선택 구조를 게임에 활용하는 방법을 이해합니다.
- 스프라이트끼리 닿으면 게임을 종료하는 방법을 이해합니다.

그림으로 미리보기

무대 배경이 무작위로 선택됩니다.

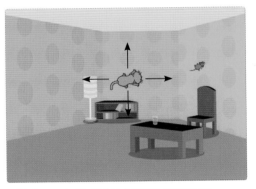

방향키로 고양이를 움직이며 생쥐를 잡아봅니다.

고양이가 야옹 소리를 내며 생쥐를 잡으면 생쥐가 사라집니다.

 **Play** 〉 **프로젝트 실행하기**

준비 인터넷 주소창에 https://scratch.mit.edu/projects/279936991/를 입력한 후 (Enter)를 눌러 접속하세요.

'생쥐를 잡아라' 프로젝트를 실행해봅시다.

01 무대 왼쪽 위의 [시작하기] 아이콘 🏳을 클릭하면 프로젝트가 실행됩니다.

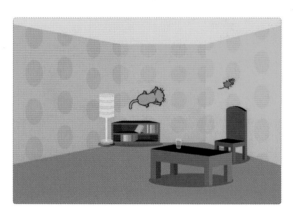

02 무대 배경이 무작위로 선택되고 생쥐가 빠른 속도로 움직이기 시작합니다.

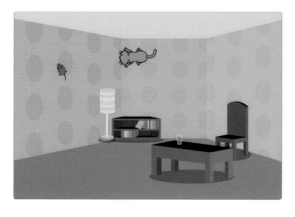

03 키보드 방향키를 누르면 고양이가 해당 방향으로 움직입니다. 고양이는 야옹 소리를 냅니다.

04 고양이가 생쥐를 잡으면 생쥐는 화면에서 사라지고 게임이 종료됩니다.

 프로젝트 작성하기

Step 1. 방향키로 움직이는 고양이

'Cat 2' 스프라이트를 가져와 키보드 방향키에 의해 상하좌우로 움직이도록 해보겠습니다.

01 스크래치 웹사이트에서 [만들기]를 클릭한 후 기본적으로 나오는 '스프라이트 1'을 마우스 오른쪽 버튼으로 클릭하고 [삭제]를 선택합니다.

02 [스프라이트 고르기] 아이콘 을 클릭하여 [스프라이트 고르기] 창이 열리면 검색창에 'Cat 2'를 입력해 찾은 후 'Cat 2'를 클릭합니다.

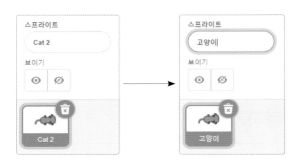

03 'Cat 2' 스프라이트가 나타나면 이 스프라이트의 이름을 '고양이'로 수정합니다.

04 [코드] 탭을 클릭해 [이벤트] 카테고리의 클릭했을 때 블록을 스크립트 영역으로 드래그합니다. [형태] 카테고리의 크기를 100%로 정하기 블록을 드래그하여 연결하고 '100'을 '50'으로 변경합니다. 을 클릭하면 크기가 50%로 설정됩니다.

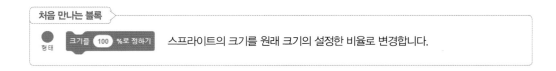

처음 만나는 블록

스프라이트의 크기를 원래 크기의 설정한 비율로 변경합니다.

05 [제어] 카테고리의 무한 반복하기 블록을 드래그하여 연결하고, [제어] 카테고리의 만약 ◇ (이)라면 블록을 무한 반복하기 블록 안에 넣습니다.

06 [감지] 카테고리의 `스페이스키▼를 눌렀는가?` 블록을 `만약 ◇ (이)라면` 블록의 ◇으로 넣고, ▼를 클릭해 '왼쪽 화살표'를 선택합니다.

07 [동작] 카테고리의 `90도 방향 보기` 블록을 `만약 ◇ (이) 라면` 블록 안에 넣고 '90'을 '-90'으로 변경합니다. [동작] 카테고리의 `10만큼 움직이기` 블록을 연결하고 '10'을 '7'로 변경합니다. 키보드 왼쪽 방향키를 누르면 고양이 스프라이트가 왼쪽으로 7만큼 이동합니다.

08 `도전문제 4-1` ㉮를 3번 복사해서 아래에 연결시킨 후 오른쪽, 아래쪽, 위쪽 방향키를 누르면 해당 방향으로 움직이도록 (1)을 채우기 바랍니다. [정답 및 풀이 389쪽]

`Step 2.` **소리 내는 고양이**

'고양이' 스프라이트가 1~3초 간격으로 야옹 소리를 내도록 해보겠습니다.

01 [소리] 탭을 클릭하면 'meow2' 소리가 기본적으로 들어 있습니다. 이 소리를 이용해도 되지만 다른 고양이 소리를 가져오겠습니다.

02 화면 왼쪽 아래에 위치한 [소리 고르기] 아이콘 ◀ 을 클릭합니다. 다양한 소리가 제공되는데 이 중 'Meow'를 선택합니다.

03 [코드] 탭을 클릭해 [이벤트] 카테고리의 <kbd>🏴 클릭했을 때</kbd> 블록을 드래그하여 가져오고, [제어] 카테고리의 <kbd>무한 반복하기</kbd> 블록을 연결합니다.

04 [제어] 카테고리의 <kbd>1초 기다리기</kbd> 블록을 <kbd>무한 반복하기</kbd> 블록 안에 넣습니다. [연산] 카테고리의 <kbd>1부터 10사이의 난수</kbd> 블록을 <kbd>1초 기다리기</kbd> 블록의 1이 적힌 곳에 넣고 '10'을 '3'으로 변경합니다. 1~3초 동안 가만히 있습니다.

처음 만나는 블록

연산　<kbd>1 부터 10 사이의 난수</kbd>　설정한 범위 안에서 난수를 생성합니다.

05 [소리] 카테고리의 <kbd>meow2▼ 끝까지 재생하기</kbd> 블록을 연결하고, ▼를 클릭해 'Meow'를 선택합니다. 1~3초 간격으로 Meow 소리를 재생합니다.

Step 3. 움직이는 생쥐

생쥐 스프라이트가 모양을 바꾸면서 움직이도록 해보겠습니다.

01 [스프라이트 고르기] 아이콘 🐱을 클릭하여 [스프라이트 고르기] 창에서 'Mouse 1'을 선택하여 가져와서 이름을 '생쥐'로 수정합니다.

02 [이벤트] 카테고리의 🏳클릭했을 때 블록을 가져오고, [형태] 카테고리의 크기를 100%로 정하기 블록을 연결하고 '100'을 '30'으로 변경합니다. [형태] 카테고리의 보이기 블록을 연결합니다. 🏳을 클릭하면 크기가 30%로 설정되어 무대에 나타납니다.

처음 만나는 블록

● 형태   [보이기]   스프라이트가 무대에 보입니다.

03 [동작] 카테고리의 무작위 위치▼(으)로 이동하기 블록을 연결합니다. [제어] 카테고리의 무한 반복하기 블록을 연결합니다. [동작] 카테고리의 10만큼 움직이기 블록을 무한 반복하기 블록 안에 넣고 '10'을 '15'로 변경합니다. [동작] 카테고리의 벽에 닿으면 튕기기 블록을 연결합니다. 무작위 위치에서 시작해서 계속해서 움직입니다.

무작위 위치 ▼ (으)로 이동하기   스프라이트가 무작위 위치로 이동합니다.

04 [이벤트] 카테고리의 🏳 클릭했을 때 블록을 가져오고, [제어] 카테고리의 무한 반복하기 블록을 연결합니다. [형태] 카테고리의 다음 모양으로 바꾸기 블록과 [제어] 카테고리의 1초 기다리기 블록을 무한 반복하기 블록 안에 넣습니다. 1초 간격으로 모양이 변경됩니다.

Step 4. 방향을 변경하는 생쥐

현재 '생쥐' 스프라이트는 좌우로만 움직이는데 무작위 방향으로 변경하도록 해보겠습니다.

01 [이벤트] 카테고리의 🏳 클릭했을 때 블록을 가져오고, [제어] 카테고리의 무한 반복하기 블록을 연결합니다. [동작] 카테고리의 ↻ 방향으로 15도 회전하기 블록을 무한 반복하기 블록 안에 넣습니다. 항상 15도로 회전하는 것보다는 불규칙적으로 회전하는 것이 현실적이므로 난수를 이용합니다. [연산] 카테고리의 1부터 10사이의 난수 블록을 ↻ 방향으로 15도 회전하기 블록의 15가 적힌 곳에 넣고 '1'을 '-60'으로, '10'을 '180'으로 변경합니다.

↻ 방향으로 15 도 회전하기   스프라이트가 설정한 각도만큼 시계 방향으로 회전합니다.

02 1~2초 간격으로 회전하도록 하기 위해 [제어] 카테고리의 1초 기다리기 블록을 연결하고 1이 적힌 곳에 [연산] 카테고리의 1부터 2사이의 난수 블록을 넣습니다. 1~2초 간격으로 무작위 방향으로 회전합니다.

Step 5. **고양이에게 잡히면 종료하기**

'고양이' 스프라이트가 '생쥐' 스프라이트를 잡으면 게임이 종료되게 해보겠습니다.

01 [이벤트] 카테고리의 ▶클릭했을 때 블록을 드래그합니다. [제어] 카테고리의 ◇까지 기다리기 블록을 연결합니다. [감지] 카테고리의 마우스 포인터▼에 닿았는가? 블록을 ◇까지 기다리기 블록의 ◇으로 넣고 ▼를 클릭해 '고양이'를 선택합니다. 고양이에게 닿을 때까지 기다립니다.

조건이 참이 될 때까지 스크립트의 실행을 멈춥니다.

스프라이트가 마우스 포인터, 벽, 다른 스프라이트 등에 닿았는지 확인합니다.

02 [형태] 카테고리의 숨기기 블록을 연결하고, [제어] 카테고리의 멈추기 모두▼ 블록을 연결합니다. '생쥐' 스프라이트가 '고양이' 스프라이트에 닿으면 생쥐가 사라지고 게임이 종료됩니다.

스프라이트가 무대에서 사라집니다.

설정한 내용에 대한 실행을 중지시킵니다.

Step 6. 배경 무작위로 선택하기

게임이 시작될 때 3개의 배경 중 하나가 무작위로 선택되게 해보겠습니다.

01 오른쪽 아래에 위치한 무대 정보 공간에서 [배경 고르기] 아이콘 ⊙ 을 클릭합니다. [배경 고르기] 창에서 'Bedroom 3', 'Playing Field', 'Room2'를 각각 클릭해 가져옵니다.

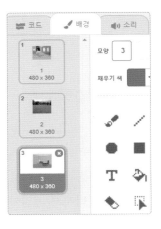

02 [배경] 탭을 클릭하고 '배경 1'에서 마우스 오른쪽 버튼을 클릭하여 '삭제'를 선택합니다. 각 배경 모양의 이름을 '1', '2', '3'으로 변경합니다.

03 [코드] 탭을 클릭해 [이벤트] 카테고리의 `클릭했을 때` 블록을 드래그합니다. [형태] 카테고리의 `배경을 1▼ (으)로 바꾸기` 블록을 연결합니다.

04 도전문제 4-2 배경 모양이 1, 2, 3 중 하나가 무작위로 선택되게 하려고 합니다. 그렇다면 (2)에 어떤 내용이 들어가야 하는지 생각해보고 채우기 바랍니다. [정답 및 풀이 389쪽]

검토하기

프로젝트가 완성되면 실행시켜 제대로 동작하는지 확인해봅니다. 만약 실행이 되지 않거나 실행 결과가 처음 의도했던 것과 다른 부분이 있으면 확인하여 수정합니다. 추가적으로 궁금한 내용은 이 책 카페의 '생쥐를 잡아라(LESSON 04)' 게시글의 댓글로 질문하시기 바랍니다.

📋 전체 코드 작성하기

▶을 클릭하면 아래에 연결된 블록을 실행합니다.

크기를 50%로 설정합니다.

안에 연결된 블록을 무한 반복 실행합니다.

왼쪽 방향키를 누르면 왼쪽 방향으로 7만큼 움직입니다.

오른쪽 방향키를 누르면 오른쪽 방향으로 7만큼 움직입니다.

아래쪽 방향키를 누르면 아래쪽 방향으로 7만큼 움직입니다.

위쪽 방향키를 누르면 위쪽 방향으로 7만큼 움직입니다.

▶을 클릭하면 아래에 연결된 블록을 실행합니다.

1~3초 간격으로 'meow' 재생을 무한 반복합니다.

▶을 클릭하면 아래에 연결된 블록을 실행합니다.

크기를 30%로 설정합니다.

화면에 나타납니다.

무작위 위치로 이동합니다.

안에 연결된 블록을 무한 반복 실행합니다.

15만큼 움직입니다.

벽에 닿으면 반대 방향을 향합니다.

▶을 클릭하면 아래에 연결된 블록을 실행합니다.

1초 간격으로 다음 모양으로 바꾸는 동작을 무한 반복합니다.

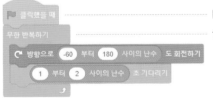

▶을 클릭하면 아래에 연결된 블록을 실행합니다.

1~2초 간격으로 무작위 방향으로 회전하는 동작을 무한 반복합니다.

▶을 클릭하면 아래에 연결된 블록을 실행합니다.

고양이에 닿을 때까지 기다립니다.

화면에서 사라집니다.

실행을 멈춥니다.

 무대

▶을 클릭하면 아래에 연결된 블록을 실행합니다.

무대 배경이 1~3 중 무작위로 바뀝니다.

응용 문제 4-1

'Dance Energetic'을 배경 음악으로 추가해보세요. [정답 및 풀이 390쪽]

LESSON

05

상어 피하는 물고기

👉 **이 장에서 배울 핵심 포인트**

- 프로젝트를 실행하는 동안 값을 저장하는 공간인 변수를 이해합니다.
- 자신과 똑같은 스프라이트를 만들 수 있는 복제 기능을 이해합니다.
- 주어진 조건에 따라 참 또는 거짓을 반환하는 논리 연산을 이해합니다.

그림으로 미리보기

방향키로 물고기를 움직이며 상어를 피합니다.

물고기를 **복제**합니다.

게임 진행 시간을 표시합니다.

 **Play** 프로젝트 실행하기

준비 인터넷 주소창에 https://scratch.mit.edu/projects/282477120/를 입력한 후 Enter 를 눌러 접속하세요.

'상어 피하는 물고기' 프로젝트를 실행해봅시다.

01 무대 왼쪽 위의 🏴을 클릭하면 프로젝트가 실행됩니다.

02 물고기 종류는 무작위로 선택되고 키보드 방향키를 누르면 해당 방향으로 움직입니다. 상어 한 마리는 자유롭게 움직이고, 다른 한 마리는 물고기를 따라옵니다. 게임 실행 시간이 나타납니다.

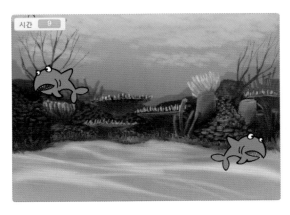

03 물고기가 복제되는데 복제된 물고기는 상어에 닿으면 사라집니다. 물고기가 상어에 닿으면 게임이 종료됩니다.

 Training 개념 이해하기

✅ 변수

방금 살펴본 프로젝트는 시간 값이 0으로 시작해서 초마다 1씩 증가됩니다. 여기서 시간을 변수라고 합니다.

변수는 프로그램이 실행되는 동안 값을 저장하는 공간으로 언제든지 새로운 값을 저장할 수 있습니다. 하나의 프로젝트에 여러 개의 변수를 만들어 사용할 수 있으며, 변수마다 이름을 붙여 관리합니다. 다음은 '시간'이라는 이름의 변수에 10을 저장한 모습입니다.

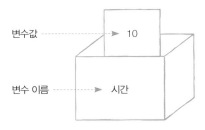

변수를 사용하려면 먼저 만들어야 합니다. [변수] 카테고리의 [변수 만들기] 버튼을 클릭하고, [새로운 변수] 창에서 만들고자 하는 변수 이름을 입력합니다. [확인] 버튼을 클릭하면 변수가 만들어집니다.

처음 만나는 블록

나의 변수 ▼ 을(를) 0 로 정하기 — 설정한 변수에 설정한 값을 저장합니다.

나의 변수 ▼ 을(를) 1 만큼 바꾸기 — 설정한 변수의 현재 값을 설정한 값만큼 변경합니다.

나의 변수 ▼ 변수 보이기 — 설정한 변수를 무대에 보이게 합니다.

나의 변수 ▼ 변수 숨기기 — 설정한 변수를 무대에 보이지 않게 합니다.

✓ '시간' 변수값이 0으로 시작해서 60이 될 때까지 1초마다 1씩 증가하게 해보세요.

```
시간 ▾  변수 보이기
시간 ▾  을(를)  0  로 정하기
        시간  >  60  까지 반복하기
            1  초 기다리기
        시간 ▾  을(를)  1  만큼 바꾸기
```

✔ 복제

복제 기능을 이용해서 자신과 똑같은 스프라이트를 만들 수 있습니다. 복제 관련 블록은 [제어] 카테고리에 있습니다.

복제되었을 때   복제되면 아래에 연결된 블록들을 실행합니다.

나 자신 ▾ 복제하기   설정한 스프라이트를 복제합니다.

이 복제본 삭제하기   해당 복제본을 삭제합니다.

✓ '안녕! 복제해볼게'를 말하고 복제본을 만듭니다. 복제본은 오른쪽으로 100만큼 움직이고 '안녕! 난 복제본이야!'를 말하고 사라집니다.

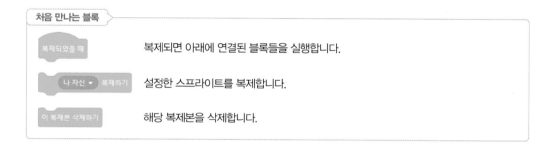

✔ 스프라이트가 움직이면서 3초 간격으로 2개의 복제본을 만듭니다. 복제본은 크기가 작아지며 계속해서 움직입니다.

✔ 논리 연산

논리 연산은 주어진 조건이 참인지 거짓인지에 따라 참 또는 거짓인 결과를 반환합니다. 논리 연산 관련 블록은 [연산] 카테고리에 있습니다.

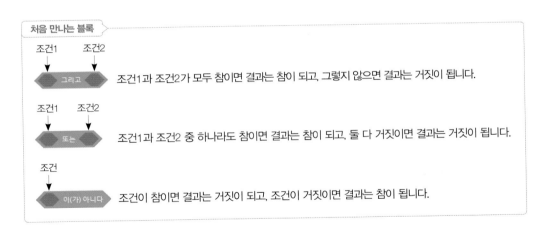

✔ '키' 변수값이 80보다 크거나 80과 같으면 이용할 수 있다는 말을 하고, 그렇지 않으면 다음 기회에 이용하라는 말을 합니다.

✔ '나이' 변수값이 13보다 크고 60보다 작으면 입장료가 5000원이라는 말을 하고, 그렇지 않으면 무료 입장이라는 말을 합니다.

Make > 프로젝트 작성하기

Step 1. 스프라이트 준비하기

'물고기', '상어1', '상어2' 스프라이트를 만들고 초기 설정을 해보겠습니다.

01 스크래치 웹사이트에서 [만들기]를 클릭하고 기본적으로 나오는 '스프라이트 1'을 삭제합니다. [스프라이트 고르기] 아이콘 을 클릭하여 'Fish'와 'Shark 2' 2개를 가져와서 이름을 '물고기', '상어1', '상어2'로 변경합니다.

02 '물고기' 스프라이트로 이동해서 [이벤트] 카테고리의 클릭했을 때 블록을 가져오고, [형태] 카테고리의 크기를 100%로 정하기 블록을 연결하고 '100'을 '50'으로 변경합니다. 을 클릭하면 크기가 50%로 설정됩니다.

03 [모양] 탭을 클릭하면 4가지 모양의 물고기를 볼 수 있습니다. 각 모양의 이름을 '1', '2', '3', '4'로 변경합니다.

04 [코드] 탭을 클릭해 [형태] 카테고리의 모양을 1▼ (으)로 바꾸기 블록을 연결하고, 1 위치에 [연산] 카테고리의 1부터 4사이의 난수 블록을 넣습니다. 물고기 모양이 1~4 모양 중 하나로 무작위로 변경됩니다.

처음 만나는 블록

스프라이트를 설정한 모양으로 변경합니다.

05 [동작] 카테고리의 `x: -200 y: 150(으)로 이동하기` 블록과 `90도 방향 보기` 블록을 연결합니다. [형태] 카테고리의 `보이기` 블록을 연결합니다. (-200, 150) 좌표에서 오른쪽 방향을 향한 상태로 무대에 나타납니다.

06 상어1 스프라이트로 이동해서 [이벤트] 카테고리의 `▶ 클릭했을 때` 블록을 가져오고, [형태] 카테고리의 `크기를 70%로 정하기` 블록을 연결합니다. ▶을 클릭하면 크기가 70%로 설정됩니다.

07 [동작] 카테고리의 `회전 방식을 왼쪽-오른쪽▼(으)로 정하기` 블록과 `무작위 위치▼(으)로 이동하기` 블록을 연결합니다. 회전 방식이 '왼쪽-오른쪽'으로 설정되고 무작위 위치로 이동됩니다.

08 '상어1' 스프라이트의 `▶ 클릭했을 때`를 드래그하여 스프라이트 목록의 '상어2' 스프라이트를 클릭합니다.

09 '상어2' 스프라이트를 클릭하여 이동하면 스크립트가 복사된 것을 확인할 수 있습니다.

10 '물고기' 스프라이트로 이동해서 [이벤트] 카테고리의 메시지1▼ 신호 보내기 블록을 연결하고 '메시지1'을 '게임시작'으로 변경합니다. '게임시작' 신호를 보냅니다.

Step 2. 물고기 따라가는 상어1

'상어1' 스프라이트가 '물고기' 스프라이트를 따라가도록 해보겠습니다.

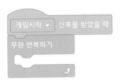

01 '상어1' 스프라이트로 이동해서 [이벤트] 카테고리의 게임시작▼ 신호를 받았을 때 블록을 가져오고, [제어] 카테고리의 무한 반복하기 블록을 연결합니다.

02 [동작] 카테고리의 마우스 포인터▼쪽 보기 블록을 무한 반복하기 안에 넣고 ▼를 클릭해 '물고기'를 선택합니다. '물고기' 스프라이트 방향을 향하게 됩니다.

처음 만나는 블록

마우스 포인터 ▼ 쪽 보기   스프라이트가 설정한 쪽으로 향합니다.
동작

03 [동작] 카테고리의 `3만큼 움직이기` 블록을 연결합니다. 물고기 방향으로 3만큼 이동하는 동작을 반복합니다.

Tutorial

지면상의 제한으로 블록 내 입력값을 변경하는 모든 과정을 다루지는 않습니다. 이 점 독자 여러분의 양해 부탁드립니다.

Step 3. 자유롭게 움직이는 상어2

상어2 스프라이트가 자유롭게 움직이도록 해보겠습니다.

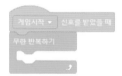

01 '상어2' 스프라이트로 이동해서 [이벤트] 카테고리의 `게임시작▼ 신호를 받았을 때` 블록을 가져오고, [제어] 카테고리의 `무한 반복하기` 블록을 연결합니다.

02 [동작] 카테고리의 `3만큼 움직이기` 블록과 `벽에 닿으면 튕기기` 블록을 `무한 반복하기` 안에 넣습니다. 3만큼 움직이는 동작을 반복합니다.

03 [이벤트] 카테고리의 `게임시작▼ 신호를 받았을 때` 블록을 가져오고, [제어] 카테고리의 `무한 반복하기` 블록을 연결합니다.

04 [동작] 카테고리의 `⟳ 방향으로 15도 회전하기` 블록을 `무한 반복하기` 안에 넣고, 15 위치에 [연산] 카테고리의 `-30부터 60사이의 난수` 블록을 넣습니다.

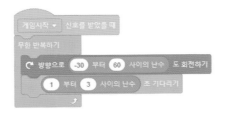

05 [제어] 카테고리의 `1초 기다리기` 블록을 연결하고, 1 위치에 [연산] 카테고리의 `1부터 3사이의 난수` 블록을 넣습니다. 1~3초 간격으로 무작위 방향으로 회전합니다.

Step 4. 방향키로 움직이는 물고기

'물고기' 스프라이트가 키보드 방향키에 의해 움직이도록 해보겠습니다.

01 '물고기' 스프라이트로 이동해서 [이벤트] 카테고리의 `게임시작▼ 신호를 받았을 때` 블록을 가져오고, [제어] 카테고리의 `무한 반복하기` 블록을 연결합니다.

02 [제어] 카테고리의 `만약 ◇(이)라면` 블록을 `무한 반복하기` 안에 넣습니다. [감지] 카테고리의 `스페이스▼키를 눌렀는가?` 블록을 `만약 ◇(이)라면` 블록의 ◇으로 넣고, ▼를 클릭해 '왼쪽 화살표'를 선택합니다.

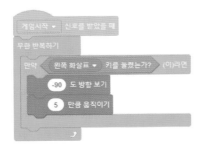

03 [동작] 카테고리의 `-90도 방향 보기` 블록과 `5만큼 움직이기` 블록을 `만약 ◇(이)라면` 안에 넣습니다. 키보드 왼쪽 방향키를 누르면 물고기 스프라이트가 왼쪽으로 5만큼 이동합니다.

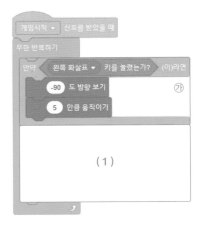

04 도전문제 5-1 ㉮를 세 번 복사해서 아래에 연결시킨 후 오른쪽, 아래쪽, 위쪽 방향키를 누르면 해당 방향으로 움직이도록 (1)을 채우세요. [정답 및 풀이 390쪽]

Step 5. 물고기 복제하기

'물고기' 스프라이트를 1~3초 간격으로 복제해봅시다.

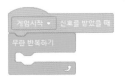

01 [이벤트] 카테고리의 게임시작▼ 신호를 받았을 때 블록을 가져오고, [제어] 카테고리의 무한 반복하기 블록을 연결합니다.

02 [제어] 카테고리의 1초 기다리기 블록을 무한 반복하기 안에 넣고, 1 위치에 [연산] 카테고리의 1부터 3사이의 난수 블록을 넣습니다.

03 [제어] 카테고리의 나 자신▼ 복제하기 블록을 연결합니다. 1~3초 간격으로 '물고기' 스프라이트가 복제됩니다.

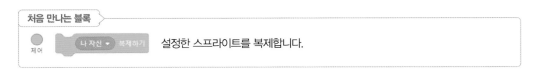

처음 만나는 블록

제어 / 나 자신▼ 복제하기 / 설정한 스프라이트를 복제합니다.

Step 6. **복제된 물고기 동작 설정하기**

복제된 물고기의 동작을 설정해보겠습니다.

01 [제어] 카테고리의 복제되었을 때 블록을 가져오고, [제어] 카테고리의 무한 반복하기 블록을 연결합니다.

02 [동작] 카테고리의 5만큼 움직이기 블록과 벽에 닿으면 튕기기 블록을 무한 반복하기 안에 넣습니다.

03 [제어] 카테고리의 만약 ◇(이)라면 블록을 연결하고, ◇ 위치에 [연산] 카테고리의 ◇ 또는 ◇ 블록을 넣습니다. ◇ 왼쪽에 [감지] 카테고리의 상어1▼에 닿았는가? 블록을 넣고 ◇ 오른쪽에 상어2▼에 닿았는가? 블록을 넣습니다.

04 [제어] 카테고리의 `이 복제본 삭제하기` 블록을 `만약 ⬦ (이)라면` 안에 넣습니다.

05 [제어] 카테고리의 `복제되었을 때` 블록을 가져오고, [제어] 카테고리의 `무한 반복하기` 블록을 연결합니다.

06 [동작] 카테고리의 `⟳ 방향으로 15도 회전하기` 블록을 `무한 반복하기` 안에 넣고, 15 위치에 [연산] 카테고리의 `-30부터 60사이의 난수` 블록을 넣습니다.

07 [제어] 카테고리의 `1초 기다리기` 블록을 연결하고, 1 위치에 [연산] 카테고리의 `1부터 3사이의 난수` 블록을 넣습니다. 복제된 물고기는 상어1 또는 상어2에 닿을 때까지 자유롭게 움직이다가 닿으면 삭제됩니다.

초 단위 게임 진행 시간을 '시간' 변수에 저장해봅시다.

01 [변수] 카테고리의 [변수 만들기] 버튼을 클릭합니다.

02 [새로운 변수] 창이 열리면 '시간'을 입력하고 [확인] 버튼을 클릭하면 '시간' 변수가 만들어 집니다.

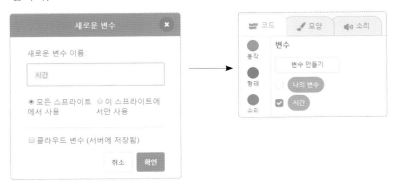

03 [이벤트] 카테고리의 게임시작▼ 신호를 받았을 때 블록을 가져오고, [변수] 카테고리의 나의 변수▼을(를) 0로 정하기 블록을 연결하고, ▼를 클릭해 '시간'을 선택합니다. '시간' 변수에 0이 저장됩니다.

> **처음 만나는 블록**
>
> 나의 변수 ▼ 을(를) 0 로 정하기   설정한 변수에 설정한 값을 저장합니다.
> 변수

04 [감지] 카테고리의 타이머 초기화 블록을 연결합니다. 타이머가 0으로 초기화됩니다.

05 [제어] 카테고리의 무한 반복하기 블록을 연결합니다.

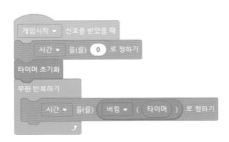

06 [변수] 카테고리의 시간▼을(를) 0으로 정하기 블록을 넣고, 0 위치에 [연산] 카테고리의 버림▼(●) 블록을 넣습니다. ● 위치에 [감지] 카테고리의 타이머 블록을 넣습니다. 게임 시작 후 흐른 초 단위 시간이 '시간' 변수에 저장됩니다.

 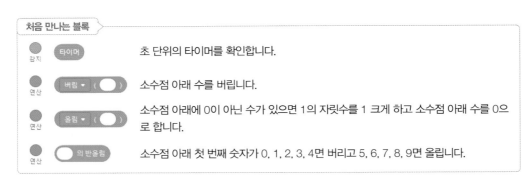

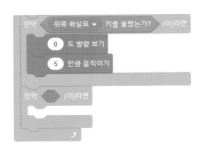

07 [제어] 카테고리의 <mark>1초 기다리기</mark> 블록을 연결합니다. 1초 간격으로 '시간' 변수값이 변경됩니다.

Step 8. **물고기가 상어에 닿으면 게임 종료하기**

물고기가 상어1 또는 상어2에 닿으면 게임을 종료하도록 해보겠습니다.

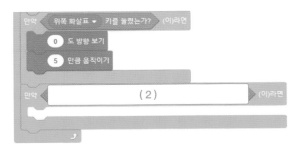

01 [제어] 카테고리의 <mark>만약 ◇ (이)라면</mark> 블록을 방향키로 움직이는 스크립트에 연결합니다.

02 도전문제 5-2 '물고기' 스프라이트가 상어1 또는 상어2에 닿은 조건을 만들고자 합니다. 그렇다면 (2)에 어떤 내용이 들어가야 하는지 생각해보고 채우기 바랍니다. [정답 및 풀이 390쪽]

> **처음 만나는 블록**
>
> ● 연산 ◇ 그리고 ◇   조건1과 조건2가 모두 참이면 결과는 참이 되고, 그렇지 않으면 결과는 거짓이 됩니다.
>
> ● 연산 ◇ 또는 ◇   조건1과 조건2 중 하나라도 참이면 결과는 참이 되고, 둘 다 거짓이면 결과는 거짓이 됩니다.

03 [형태] 카테고리의 숨기기 블록과 [제어] 카테고리의 멈추기 모두▼ 블록을 만약 ◇ (이)라면 안에 넣습니다. '물고기' 스프라이트가 '상어1' 또는 '상어2' 스프라이트에 닿으면 사라지고 게임을 종료합니다.

Step 9. 배경과 소리 넣기

무대 배경을 넣고 소리를 재생해보겠습니다.

01 오른쪽 아래에 위치한 [배경 고르기] 아이콘 🖼을 클릭하여 'Underwater 2'를 선택합니다.

02 [소리] 탭을 클릭해 화면 왼쪽 아래에 위치한 [소리 고르기] 아이콘 🔊을 클릭합니다. [소리 고르기] 창에서 'Bubbles'를 가져옵니다.

03 [코드] 탭을 클릭해 [이벤트] 카테고리의 ▶ 클릭했을 때 블록을 가져오고, [제어] 카테고리의 무한 반복하기 블록을 연결합니다.

04 [소리] 카테고리의 팝▼ 끝까지 재생하기 블록을 연결하고, ▼를 클릭해 'Bubbles'를 선택합니다. Bubbles 소리 재생을 반복합니다.

Step 10. 검토하기

프로젝트가 완성되면 실행시켜 제대로 동작하는지 확인해봅니다. 만약 실행이 되지 않거나 실행 결과가 처음 의도했던 것과 다른 부분이 있으면 확인하여 수정합니다. 추가적으로 궁금한 내용은 이 책 카페의 '상어 피하는 물고기(LESSON 05)' 게시글의 댓글로 질문하시기 바랍니다.

📋 전체 코드 작성하기

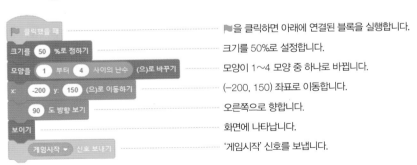

▶을 클릭하면 아래에 연결된 블록을 실행합니다.

크기를 50%로 설정합니다.

모양이 1~4 모양 중 하나로 바뀝니다.

(−200, 150) 좌표로 이동합니다.

오른쪽으로 향합니다.

화면에 나타납니다.

'게임시작' 신호를 보냅니다.

'게임시작' 신호를 받으면 아래에 연결된 블록을 실행합니다.

왼쪽 방향키를 누르면 왼쪽 방향으로 5만큼 움직입니다.

오른쪽 방향키를 누르면 오른쪽 방향으로 5만큼 움직입니다.

아래쪽 방향키를 누르면 아래쪽 방향으로 5만큼 움직입니다.

위쪽 방향키를 누르면 위쪽 방향으로 5만큼 움직입니다.

'상어1' 또는 '상어2'에 닿으면 사라지고 실행을 멈춥니다.

'게임시작' 신호를 받으면 아래에 연결된 블록을 실행합니다.

1~3초 간격으로 자신을 복제합니다.

복제되면 아래에 연결된 블록을 실행합니다.

안에 연결된 블록을 무한 반복 실행합니다.

5만큼 움직입니다.

벽에 닿으면 반대 방향을 향합니다.

'상어1' 또는 '상어2'에 닿으면 해당 복제본을 삭제합니다.

복제되면 아래에 연결된 블록을 실행합니다.

1~3초 간격으로 무작위로 회전하는 동작을 무한 반복합니다.

'게임시작' 신호를 받으면 아래에 연결된 블록을 실행합니다.

'시간' 변수에 0을 저장합니다.

타이머 값을 0으로 초기화합니다.

1초 간격으로 타이머 값을 '시간' 변수에 저장합니다.

▶을 클릭하면 아래에 연결된 블록을 실행합니다.

크기를 70%로 설정합니다.

회전 방식을 왼쪽-오른쪽으로 설정합니다.

무작위 위치로 이동합니다.

'게임시작' 신호를 받으면 아래에 연결된 블록을 실행합니다.

안에 연결된 블록을 무한 반복 실행합니다.

물고기 쪽으로 향합니다.

3만큼 움직입니다.

상어2

을 클릭하면 아래에 연결된 블록을 실행합니다.

크기를 70%로 설정합니다.

회전 방식을 왼쪽-오른쪽으로 설정합니다.

무작위 위치로 이동합니다.

'게임시작' 신호를 받으면 아래에 연결된 블록을 실행합니다.

안에 연결된 블록을 무한 반복 실행합니다.

3만큼 움직입니다.

벽에 닿으면 반대 방향으로 향합니다.

'게임시작' 신호를 받으면 아래에 연결된 블록을 실행합니다.

1~3초 간격으로 랜덤하게 회전하는 동작을 무한 반복합니다.

응용 문제 5-1

'생명' 변수를 추가해서 상어에게 3번 잡히면 게임이 종료되도록 수정해보세요. [정답 및 풀이 391쪽]

LESSON

06 하늘에서 떨어지는 물고기 잡기

👍 이 장에서 배울 핵심 포인트

- 어떤 조건을 만족했을 때 변수값을 증가 또는 감소시키는 방법을 이해합니다.
- 생성한 스프라이트에서만 사용되는 변수를 이해합니다.
- 설정한 좌표로 이동하는 방법을 이해합니다.

그림으로 미리보기

방향키로 게를 좌우로 움직이며 물고기를 잡아봅니다.

물고기를 잡으면 점수가 올라가고 번개에 맞으면 생명이 내려갑니다.

준비 인터넷 주소창에 https://scratch.mit.edu/projects/281042947/를 입력한 후 [Enter]를 눌러 접속하세요.

'하늘에서 떨어지는 물고기 잡기' 프로젝트를 실행시켜봅시다.

01 무대 왼쪽 위의 🏳을 클릭하면 프로젝트가 실행됩니다.

02 물고기와 번개가 위에서 내려오는데 위치와 속도는 일정하지 않습니다. 오른쪽과 왼쪽 방향키를 누르면 게가 해당 방향으로 움직입니다.

03 게임을 시작할 때 생명은 5, 점수는 1인데, 게가 물고기를 잡으면 점수가 1 올라가고 번개에 맞으면 생명이 1 감소됩니다. 생명이 0이 되면 게임이 종료됩니다.

 **Make** 프로젝트 작성하기

Step 1. 물고기의 크기, 회전 방식 등 설정하기

'물고기' 스프라이트의 크기, 회전 방식 등 초기 설정을 해보겠습니다.

01 스크래치 웹사이트에서 [만들기]를 클릭하고 기본적으로 나오는 '스프라이트 1'을 삭제합니다. 스프라이트 고르기 아이콘 🐱을 클릭하여 'Fish'를 가져와서 이름을 '물고기'로 변경합니다.

02 [이벤트] 카테고리의 🏳클릭했을 때 블록을 가져오고, [형태] 카테고리의 크기를 100%로 정하기 블록을 연결하고 '100'을 '40'으로 변경합니다. 🏳을 클릭하면 크기가 40%로 설정됩니다.

03 [동작] 카테고리의 회전 방식을 왼쪽-오른쪽▼(으)로 정하기 블록과 [형태] 카테고리의 숨기기 블록을 연결합니다. 회전 방식이 왼쪽-오른쪽으로 설정되고 무대에서 사라집니다.

Step 2. 번개의 크기, 회전 방식 등 설정하기

'번개' 스프라이트의 크기, 회전 방식 등 초기 설정을 해보겠습니다.

01 [스프라이트 고르기] 아이콘 을 클릭하여 'Lightning'을 가져와서 이름을 '번개'로 변경합니다.

02 [이벤트] 카테고리의 <kbd>클릭했을 때</kbd> 블록을 가져오고, [형태] 카테고리의 <kbd>크기를 100%로 정하기</kbd> 블록을 연결하고 '100'을 '50'으로 변경합니다.

03 [동작] 카테고리의 <kbd>회전 방식을 왼쪽-오른쪽▼(으)로 정하기</kbd> 블록을 연결하고, [형태] 카테고리의 <kbd>숨기기</kbd> 블록을 연결합니다.

Step 3. 게의 크기, 회전 방식 등 설정하기

게 스프라이트의 크기, 회전 방식 등 초기 설정을 해보겠습니다.

01 [스프라이트 고르기] 아이콘 을 클릭하여 [스프라이트 고르기] 창에서 'Crab'을 가져와서 이름을 '게'로 변경합니다.

02 [이벤트] 카테고리의 클릭했을 때 블록을 가져오고, [형태] 카테고리의 크기를 100%로 정하기 블록을 연결하고 '100'을 '80'으로 변경합니다.

03 [동작] 카테고리의 회전 방식을 왼쪽-오른쪽▼(으)로 정하기 블록을 연결합니다. [동작] 카테고리의 x: ● y: ●(으)로 이동하기 블록을 연결하고 x값은 '0', y값은 '-160'으로 설정합니다. (0, -160) 좌표로 이동합니다.

Step 4. 변수 만들고 게임시작 방송하기

점수와 생명 변수를 만들어 초기값을 저장하고, 게임시작 메시지를 방송해보겠습니다.

01 [변수] 카테고리의 [변수 만들기] 버튼을 클릭합니다.

02 [새로운 변수] 창이 열리면 '점수'를 입력하고 [확인] 버튼을 클릭하면 '점수' 변수가 만들어 집니다.

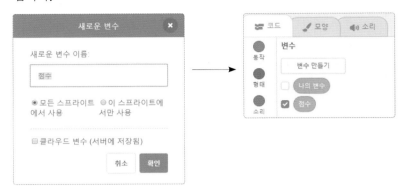

03 동일한 방법으로 '생명' 변수를 만듭니다.

04 [변수] 카테고리의 나의 변수▼을(를) 0로 정하기 블록을 연결하고, ▼를 클릭해 '점수'를 선택합니다. 생명▼을(를) 5로 정하기 블록을 아래에 연결합니다. '점수' 변수에 '0'이, '생명' 변수에 '5'가 저장됩니다.

05 [이벤트] 카테고리의 메시지1▼ 신호 보내기 블록을 가져와서 '메시지1'을 '게임시작'으로 변경합니다. '게임시작' 신호를 보냅니다.

게 동작하기

1초 간격으로 다음 모양으로 바꾸고 키보드 방향키에 의해 좌우로 움직이도록 해보겠습니다.

01 [제어] 카테고리의 무한 반복하기 블록을 게임시작▼ 신호 보내기 아래에 연결합니다. [형태] 카테고리의 다음 모양으로 바꾸기 블록과 [제어] 카테고리의 1초 기다리기 블록을 무한 반복하기 블록 안에 넣습니다. 1초 간격으로 다음 모양으로 변경됩니다.

02 [이벤트] 카테고리의 게임시작▼ 신호를 받았을 때 블록을 드래그하여 가져오고, [제어] 카테고리의 무한 반복하기 블록을 연결합니다.

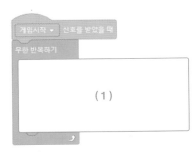

03 도전문제 6-1 ▶ 왼쪽, 오른쪽 방향키를 누르면 해당 방향으로 10만큼 움직이도록 (1)을 채우기 바랍니다. [정답 및 풀이 391쪽]

물고기 위로 이동하기

'물고기' 스프라이트가 무대 위로 이동하도록 해보겠습니다.

01 '물고기' 스프라이트로 이동해서 [이벤트] 카테고리의 게임시작▼ 신호를 받았을 때 블록을 드래그하여 가져옵니다. 물고기가 위에서 아래로 내려와야 하므로 아래 방향을 향하도록 [동작] 카테고리의 180도 방향 보기 블록을 연결합니다.

02 [동작] 카테고리의 x: ● y: ●(으)로 이동하기 블록을 연결하고 x값을 −210부터 210사이의 난수로, y값을 160으로 설정합니다.

y좌표 값은 160으로 정해졌지만 x좌표 값은 일정하지 않으므로 무대 위쪽 어느 위치로 이동할지 알 수 없습니다. 다음 그림의 빨간색 부분 중 한 곳으로 이동하게 되어 어느 위치에서 내려올지 알 수 없게 됩니다.

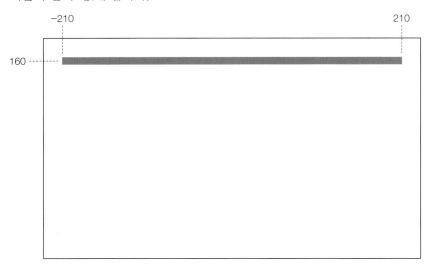

03 [형태] 카테고리의 보이기 블록을 연결합니다.

Step 7. 물고기 무작위 속도로 내려오기

'물고기' 스프라이트가 무작위 속도로 게나 바닥에 닿을 때까지 내려오도록 해보겠습니다.

01 '물고기' 스프라이트의 움직이는 속도를 저장할 속도 변수를 만들겠습니다. [변수] 카테고리의 [변수 만들기] 버튼을 클릭해서 [새로운 변수] 창이 열리면 '속도'를 입력하고 '이 스프라이트에서만 사용'을 선택한 후 [확인] 버튼을 클릭합니다. '이 스프라이트에서만 사용'을 설정하면 '속도' 변수가 다른 스프라이트에서는 사용되지 않고 이 '물고기' 스프라이트에서만 사용됩니다. 그러므로 다른 스프라이트에서 '속도'라는 같은 이름의 변수를 만들어도 같은 변수가 아니라 서로 다른 변수가 됩니다. '속도' 변수 왼쪽의 체크박스를 해제하여 무대에 나타나지 않게 합니다.

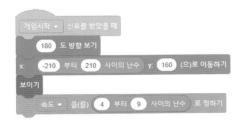

02 [변수] 카테고리의 속도▼을(를) 0으로 정하기 블록을 연결하고 0을 4부터 9사이의 난수로 변경합니다. '속도' 변수에 4~9 사이의 난수가 저장됩니다.

03 [제어] 카테고리의 ◇ 까지 반복하기 블록을 연결합니다.

04 도전 문제 6-2 ▶ 물고기가 게 또는 벽에 닿을 때까지 반복하는 구조를 만들고자 합니다. 그렇다면 (2)에 [연산] 카테고리의 ◇ 그리고 ◇ 와 ◇ 또는 ◇ 중 무엇이 들어가야 하는지 채우기 바랍니다. [정답 및 풀이 391쪽] 왼쪽 ◇과 오른쪽 ◇에 [감지] 카테고리의 게▼에 닿았는가? 블록과 벽▼에 닿았는가? 블록을 넣습니다.

05 [동작] 카테고리의 10만큼 움직이기 블록을 ◇까지 반복하기 블록 안에 넣고 10 위치에 [변수] 카테고리의 속도 블록을 넣습니다. '물고기' 스프라이트가 '속도' 변수값만큼 내려오는 동작을 게 또는 벽에 닿을 때까지 반복합니다.

물고기가 게에 닿으면 점수 값을 1 증가시키도록 해보겠습니다.

01 [제어] 카테고리의 만약 ◇(이)라면 블록을 연결하고 [감지] 카테고리의 게▼ 에 닿았는가? 블록을 ◇에 넣습니다. [변수] 카테고리의 점수▼을(를) 1만큼 바꾸기 블록을 만약 ◇(이)라면 블록 안에 넣습니다. 물고기가 게에 닿으면 '점수' 변수값이 1 증가됩니다.

처음 만나는 블록

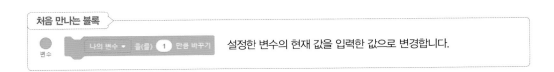

설정한 변수의 현재 값을 입력한 값으로 변경합니다.

02 [형태] 카테고리의 숨기기 블록을 연결합니다. [제어] 카테고리의 1초 기다리기 블록을 연결하고 1 위치에 1부터 2사이의 난수 블록을 넣습니다. 무대에서 사라지고 1~2초 동안 가만히 있습니다.

03 이런 동작이 반복되도록 [제어] 카테고리의 `무한 반복하기` 블록을 드래그하여 블록들을 안에 넣어 연결합니다.

Step 9. 번개 동작하기

'물고기' 스프라이트의 게임시작 메시지를 받으면 동작하는 스크립트의 많은 부분이 번개 스프라이트와 유사하므로 복사해서 수정해보겠습니다.

01 '물고기' 스프라이트의 `게임시작▼ 신호를 받았을 때`를 드래그하여 스프라이트 목록의 '번개' 스프라이트를 클릭합니다.

02 '번개' 스프라이트를 클릭하여 이동하면 스크립트가 복사된 것을 확인할 수 있습니다. x값을 -220부터 220사이의 난수로 변경하고 y값을 '130'으로 변경합니다. y값을 160으로 하면 시작부터 번개가 벽에 닿아 아래로 내려오는 동작을 하지 않기 때문에 '130'으로 변경해야 합니다.

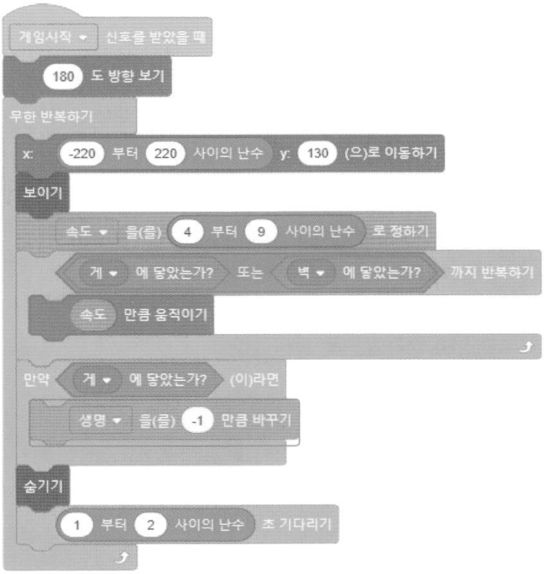

03 번개가 게에 닿으면 '점수' 변수를 1 증가시키는 것이 아니라 '생명' 변수값을 1 감소시켜야 하므로 점수▾을(를) 1만큼 바꾸기의 '점수'를 '생명'으로, '1을 '−1'로 변경합니다. '번개' 스프라이트가 '게' 스프라이트에 닿으면 '생명' 변수값이 1 감소됩니다.

04 '생명'이 0이 되면 게임을 종료해야 하므로 [제어] 카테고리의 만약 ◯ (이)라면 블록을 드래그하여 생명▾을(를) −1만큼 바꾸기 아래에 연결합니다. [연산] 카테고리의 ●<● 블록을 만약 ◯ (이)라면 블록의 ◯으로 넣고 [변수] 카테고리의 생명 블록을 ●<● 블록의 〈 왼쪽에 넣습니다.

왼쪽 값이 오른쪽 값보다 작은지 확인합니다.

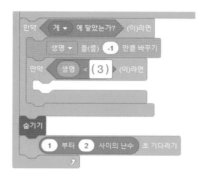

05 [도전문제 6-3] '생명'이 0이 되는 조건을 만들고자 합니다. 그렇다면 (3)에는 어떤 값이 들어가야 하는지 생각해보고 채우기 바랍니다. [정답 및 풀이 391쪽]

06 '생명' 변수값이 0이 되면 게임을 종료하기 위해 [제어] 카테고리의 멈추기 모두▼ 블록을 만약 ◇ (이)라면 블록 안에 넣습니다.

07 '물고기' 스프라이트의 '속도' 변수와 '번개' 스프라이트의 '속도' 변수의 이름은 같지만 각 스프라이트에서만 사용되는 것이므로 전혀 다른 변수입니다. 그러므로 서로 다른 속도로 움직이게 됩니다.

Step 10. 물고기와 번개 추가하기

'물고기' 스프라이트 2개와 '번개' 스프라이트 3개를 추가해보겠습니다.

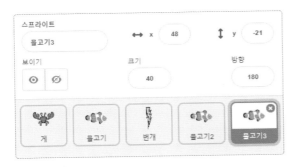

01 스프라이트 목록의 '물고기' 스프라이트를 마우스 오른쪽 버튼으로 클릭하고 '복사'를 선택하여 '물고기' 스프라이트를 2개 추가합니다.

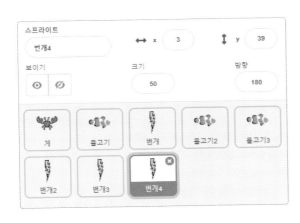

02 동일한 방법으로 '번개' 스프라이트를 3개 추가합니다.

Step 11. **배경 넣기**

무대 배경을 넣어봅시다.

오른쪽 아래에 위치한 [배경 고르기] 아이콘 을 클릭하여 'Beach Malibu'를 선택합니다.

프로젝트가 완성되면 실행시켜 제대로 동작하는지 확인해봅니다. 만약 실행이 되지 않거나 실행 결과가 처음 의도했던 것과 다른 부분이 있으면 확인하여 수정합니다. 추가적으로 궁금한 내용은 이 책 카페의 '하늘에서 떨어지는 물고기 잡기(LESSON 06)' 게시글의 댓글로 질문하시기 바랍니다.

전체 코드 작성하기

을 클릭하면 아래에 연결된 블록을 실행합니다.
크기를 80%로 설정합니다.
회전 방식을 왼쪽-오른쪽으로 설정합니다.
(0, -160) 좌표로 이동합니다.
'점수' 변수에 0을 저장합니다.
'생명' 변수에 5를 저장합니다.
'게임시작' 신호를 보냅니다.
1초 간격으로 다음 모양으로 바꾸는 동작을 무한 반복합니다.

'게임시작' 신호를 받으면 아래에 연결된 블록을 실행합니다.
안에 연결된 블록을 무한 반복 실행합니다.
오른쪽 방향키를 누르면 오른쪽 방향으로 10만큼 움직입니다.

왼쪽 방향키를 누르면 왼쪽 방향으로 10만큼 움직입니다.

물고기

블록	설명
▶ 클릭했을 때	▶을 클릭하면 아래에 연결된 블록을 실행합니다.
크기를 40 %로 정하기	크기를 40%로 설정합니다.
회전 방식을 왼쪽-오른쪽 ▼ (으)로 정하기	회전 방식을 왼쪽-오른쪽으로 설정합니다.
숨기기	화면에서 사라집니다.

블록	설명
게임시작 ▼ 신호를 받았을 때	'게임시작' 신호를 받으면 아래에 연결된 블록을 실행합니다.
180 도 방향 보기	아래쪽 방향을 향합니다.
무한 반복하기	안에 연결된 블록을 무한 반복 실행합니다.
x: -210 부터 210 사이의 난수 y: 160 (으)로 이동하기	(-210~210, 160) 좌표로 이동합니다.
보이기	화면에 나타납니다.
속도 ▼ 을(를) 4 부터 9 사이의 난수 로 정하기	'속도' 변수에 4~9 중 난수를 저장합니다.
게 ▼ 에 닿았는가? 또는 벽 ▼ 에 닿았는가? 까지 반복하기	
속도 만큼 움직이기	게 또는 벽에 닿을 때까지 '속도' 변숫값만큼 움직이는 동작을 반복합니다.
만약 게 ▼ 에 닿았는가? (이)라면	'게'에 닿으면 '점수' 변숫값을 1 증가시킵니다.
점수 ▼ 을(를) 1 만큼 바꾸기	
숨기기	화면에서 사라집니다.
1 부터 2 사이의 난수 초 기다리기	1~2초 기다립니다.

번개

블록	설명
▶ 클릭했을 때	▶을 클릭하면 아래에 연결된 블록을 실행합니다.
크기를 50 %로 정하기	크기를 50%로 설정합니다.
회전 방식을 왼쪽-오른쪽 ▼ (으)로 정하기	회전 방식을 왼쪽-오른쪽으로 설정합니다.
숨기기	화면에서 사라집니다.

블록	설명
게임시작 ▼ 신호를 받았을 때	'게임시작' 신호를 받으면 아래에 연결된 블록을 실행합니다.
180 도 방향 보기	아래쪽 방향을 향합니다.
무한 반복하기	안에 연결된 블록을 무한 반복 실행합니다.
x: -220 부터 220 사이의 난수 y: 130 (으)로 이동하기	(−220∼220, 130) 좌표로 이동합니다.
보이기	화면에 나타납니다.
속도 ▼ 을(를) 4 부터 9 사이의 난수 로 정하기	'속도' 변수에 4∼9를 저장합니다.
게 ▼ 에 닿았는가? 또는 벽 ▼ 에 닿았는가? 까지 반복하기	
속도 만큼 움직이기	게 또는 벽에 닿을 때까지 '속도' 변수값만큼 움직이는 동작을 반복합니다.
만약 게 ▼ 에 닿았는가? (이)라면	'게'에 닿으면 '점수' 변수값을 1 증가시킵니다.
생명 ▼ 을(를) -1 만큼 바꾸기	
만약 생명 < 1 (이)라면	'생명' 변수값이 1보다 작으면 실행을 멈춥니다.
멈추기 모두 ▼	
숨기기	화면에서 사라집니다.
1 부터 2 사이의 난수 초 기다리기	1∼2초 기다립니다.

응용 문제 6-1

게임을 시작할 때는 모든 물고기와 번개 속도를 7로 하고, 게가 물고기를 잡으면 모든 물고기와 번개 속도가 1 감소하고, 번개에 맞으면 속도가 1 증가하도록 수정해보세요. [정답 및 풀이 391쪽]

07 | 피아노

👉 이 장에서 배울 핵심 포인트
- 음악 기능을 이용해서 음악을 연주하는 방법을 이해합니다.
- 스프라이트를 직접 만드는 방법을 이해합니다.

그림으로 미리보기

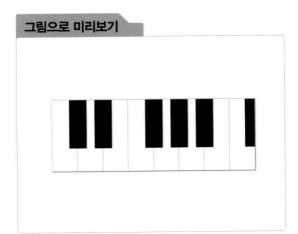

건반을 직접 만듭니다.

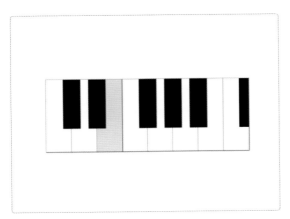

건반을 누르면 연주합니다.

 **Play** 프로젝트 실행하기

준비 인터넷 주소창에 https://scratch.mit.edu/projects/281045550/를 입력한 후 Enter 를 눌러 접속하세요.

'피아노' 프로젝트를 실행시켜봅시다.

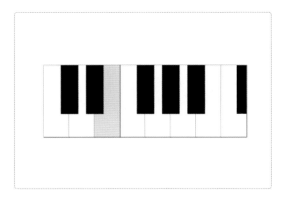

피아노 건반을 누르면 해당 건반 위치에 해당하는 음을 연주합니다. 건반을 누르면 해당 건반 색깔이 회색으로 변경됩니다.

 **Training** 개념 이해하기

☑️ **음악**

음악 기능을 이용해서 음악을 연주할 수 있습니다.

음악과 관련된 블록을 이용하기 위해 화면 왼쪽 아래에 위치한 [확장 기능 추가하기] 아이콘 ■을 클릭합니다.

[확장 기능 고르기] 창에서 '음악'을 클릭하면 음악 관련 블록들이 추가됩니다.

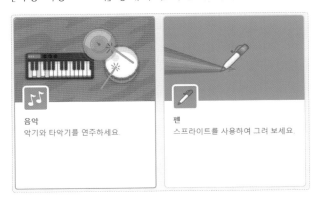

음악
악기와 타악기를 연주하세요.

펜
스프라이트를 사용하여 그려 보세요.

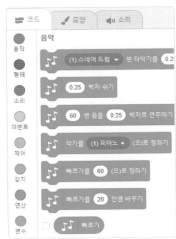

처음 만나는 블록

설정한 음을 설정한 박자로 연주합니다. 음은 직접 수를 입력하거나 60을 클릭하면 나타나는 피아노 건반 모양에서 선택할 수 있습니다.

설정한 악기를 설정한 박자로 연주합니다. ▼를 클릭해 악기를 선택할 수 있습니다.

악기를 선택하는데, **●번 음을 ●박자로 연주하기** 블록과 함께 사용됩니다.
▼를 클릭해 악기를 선택할 수 있습니다.

빠르기를 설정한 값으로 정합니다. 빠르기는 분당 박자수(BPM: Beats Per Minute)로 값이 클수록 빨리 연주됩니다.

빠르기를 설정한 값만큼 변경합니다.

현재 빠르기를 의미합니다.

설정한 박자만큼 쉽니다.

미니 실습

✔ 색소폰으로 도레미파솔라시도 연주하기

Make 〉 프로젝트 작성하기

Step 1. **백건과 흑건 만들기**

피아노 건반의 백건과 흑건을 만들어봅시다.

01 스크래치 웹사이트에서 [만들기]를 클릭하고 기본적으로 나오는 '스프라이트 1'을 마우스 오른쪽 버튼으로 클릭하고 '삭제'를 선택합니다. 백건을 만들기 위해 스프라이트 고르기에서 [그리기] 아이콘 ✎ 을 클릭합니다.

02 채우기 색을 흰색으로 설정합니다.

03 [직사각형] 도구 ☐를 클릭하고 피아노 백건을 그립니다.

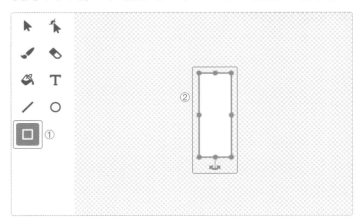

04 건반을 누르면 어두워지는 효과를 내기 위해 연한 회색 모양을 추가하겠습니다. '모양 1'을 마우스 오른쪽 버튼으로 클릭하고 '복사'를 선택합니다.

05 '모양 1'과 동일한 '모양 2'가 만들어집니다. '모양 2'를 선택합니다.

06 채우기 색을 연한 회색으로 설정합니다.

07 [채우기 색] 도구 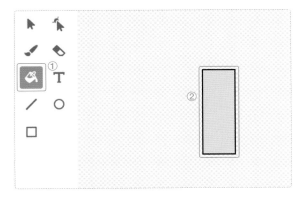를 클릭하고 흰색 부분을 클릭합니다. 흰색이 연한 회색으로 바뀝니다. 이 스프라이트의 이름을 '백건'으로 변경합니다.

08 흑건을 만들기 위해 스프라이트 고르기에서 [그리기] 아이콘 을 클릭합니다.

09 채우기 색을 검은색으로 설정합니다. [직사각형] 도구 ☐를 클릭하고 피아노 흑건을 그립니다.

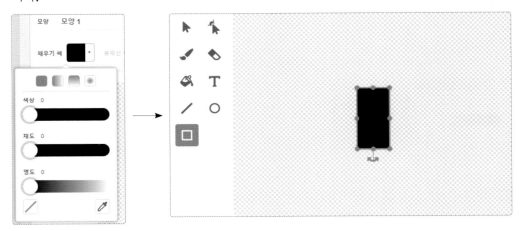

10 건반을 누르면 밝아지는 효과를 내기 위해 진한 회색 모양을 추가하겠습니다. '모양 1'을 복사해서 '모양 2'를 만듭니다.

11 채우기 색을 진한 회색으로 설정합니다. '모양 2'에서 [채우기 색] 도구 ◈를 클릭하고 검은색 부분을 클릭합니다. 이 스프라이트의 이름을 '흑건'으로 변경합니다.

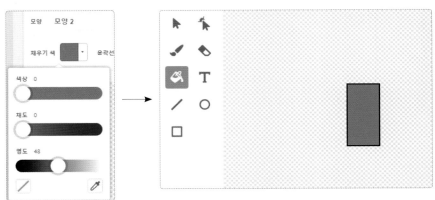

백건 누르면 연주하기

백건을 누르면 연한 회색으로 바뀌면서 설정된 음을 연주하도록 해보겠습니다.

01 음악과 관련된 블록을 가져오기 위해 [코드] 탭을 클릭해 화면 왼쪽 아래에 위치한 [확장 기능 추가하기] 아이콘 █을 클릭합니다.

02 [확장 기능 고르기] 창이 열리면 [음악]을 클릭합니다.

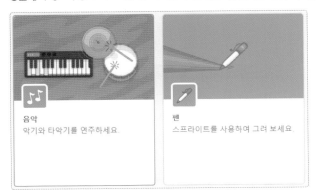

03 음악 관련 블록들이 추가됩니다.

04 '백건' 스프라이트로 이동해서 [이벤트] 카테고리의 이 스프 라이트를 클릭했을 때 블록을 드래그하여 가져옵니다. 건반이 눌린 효과를 나타내기 위해 [형태] 카테고리의 모양을 모양1▼(으)로 바 꾸기 블록을 연결합니다. ▼를 클릭해 '모양2'를 선택합니다. 백 건 스프라이트를 클릭하면 연한 회색의 모양2로 변경됩니다.

05 [음악] 카테고리의 60번 음을 0.25박자로 연주하기 블록을 연결 합니다. '60'은 음계를 의미하는데 '60'을 클릭하여 나타난 건 반 모양에서 원하는 음계를 선택하거나 직접 수를 입력할 수 있습니다. 도의 음계는 '60'이므로 그대로 둡니다. '0.25'는 박 자를 의미하는데 반 박자 연주하도록 '0.5'로 변경합니다.

06 연주가 종료되면 본래 건반 모양으로 변경하기 위해 [형태] 카테고리의 모양을 모양1▼(으)로 바꾸기 블록을 연결합니다.

07 [이벤트] 카테고리의 ⚑ 클릭했을 때 블록을 가져옵니다. [형 태] 카테고리의 모양을 모양1▼(으)로 바꾸기 블록을 연결합니다. 처음 시작할 때 백건은 흰색의 모양1이 됩니다.

흑건 누르면 연주하기

흑건을 누르면 연주하는 동작이 '백건' 스프라이트와 유사하므로 복사해서 수정해보겠습니다.

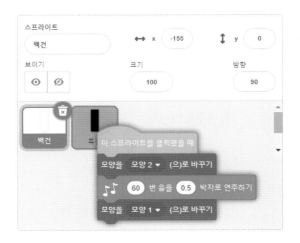

01 '백건' 스프라이트의 `이 스프라이트를 클릭했을 때`를 드래그하여 스프라이트 목록의 '흑건' 스프라이트를 클릭합니다.

02 마찬가지 방법으로 `클릭했을 때` 스크립트를 '흑건' 스프라이트로 복사합니다. '흑건' 스프라이트로 이동하면 스크립트가 복사된 것을 확인할 수 있습니다.

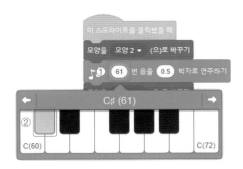

03 음계만 수정하면 되므로 `60번 음을 0.5박자로 연주하기` 블록의 '60'을 클릭해서 '61'로 변경합니다.

피아노 건반 만들기

'백건' 스프라이트 7개와 '흑건' 스프라이트 4개를 추가해서 피아노 건반 모양으로 배치해보겠습니다.

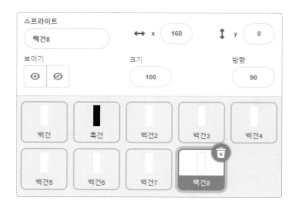

01 스프라이트 목록의 '백건' 스프라이트를 마우스 오른쪽 버튼으로 클릭하고 '복사'를 선택하여 '백건' 스프라이트 7개를 추가합니다.

02 동일한 방법으로 '흑건' 스프라이트 4개를 추가합니다.

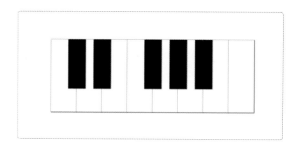

03 스프라이트를 이동시켜 피아노 건반 모양으로 배치합니다.

04 '백건' 스프라이트로 이동해서 [동작] 카테고리의 x: -155 y:0(으) 로 이동하기 블록을 🏳클릭했을 때 아래에 연결합니다. 연결 후 x값과 y값을 변경하면 안됩니다. 모든 건반에 대해 동일한 스크립트를 작성합니다. 물론 좌표값은 서로 다릅니다. 🏳을 클릭하면 항상 설정한 위치에서 시작됩니다.

음계 설정하기

건반을 누르면 해당 위치의 음을 연주하도록 해보겠습니다.

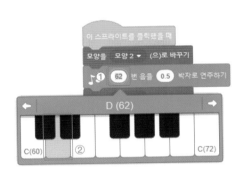

01 두 번째에 위치한 백건을 누르면 '레'를 연주해야 하므로 60번 음을 0.5박자로 연주하기 블록의 '60'을 클릭해서 '62'로 변경합니다.

02 동일한 방법으로 각 건반에 맞는 음을 설정합니다.

소리	음계	소리	음계
도	60	도#	61
레	62	레#	63
미	64	파#	66
파	65	솔#	68
솔	67	라#	70
라	69		
시	71		
도	72		

Step 6. **검토하기**

프로젝트가 완성되면 실행시켜 제대로 동작하는지 확인해봅니다. 만약 실행이 되지 않거나 실행 결과가 처음 의도했던 것과 다른 부분이 있으면 확인하여 수정합니다. 추가적으로 궁금한 내용은 이 책 카페의 '피아노(LESSON 07)' 게시글의 댓글로 질문하시기 바랍니다.

📋 전체 코드 작성하기

백건

📐 클릭했을 때 ─────── 📐을 클릭하면 아래에 연결된 블록을 실행합니다.

x (-155) y (0) (으)로 이동하기 ─────── (-155, 0) 좌표로 이동합니다.

모양을 모양 1 ▾ (으)로 바꾸기 ─────── 모양이 '모양 1'로 바뀝니다.

이 스프라이트를 클릭했을 때 ─────── 백건을 클릭하면 아래에 연결된 블록을 실행합니다.

모양을 모양 2 ▾ (으)로 바꾸기 ─────── 모양이 '모양 2'로 바뀝니다.

🎵 (60) 번 음을 (0.5) 박자로 연주하기 ─────── 60번 음인 도를 0.5 박자로 연주합니다.

모양을 모양 1 ▾ (으)로 바꾸기 ─────── 모양이 '모양 1'로 바뀝니다.

응용 문제 7-1 🎼

[악기선택] 버튼을 추가하고, 이 버튼을 클릭하면 악기를 선택하는 기능을 추가해보세요. 악기는 `악기를 (1)피아노 ▾(으)로 정하기` 블록을 이용하면 선택할 수 있고, 1.피아노, 2.전자 피아노, 3.오르간 중 선택할 수 있게 하세요.

[정답 및 풀이 392쪽]

08

그림판

👉 이 장에서 배울 핵심 포인트

- 펜 기능을 이용해서 그림을 그리는 방법을 이해합니다.
- 두 값의 크기를 비교하는 비교 연산을 이해합니다.

그림으로 미리보기

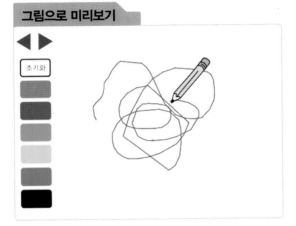

그림을 그립니다.

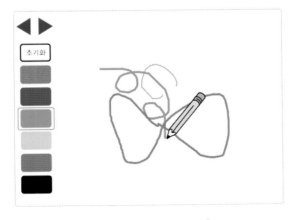

선 색깔과 선 굵기를 변경합니다.

 **Play** 프로젝트 실행하기

준비 인터넷 주소창에 https://scratch.mit.edu/projects/277485920/를 입력한 후 Enter 를 눌러 접속하세요.

그림판 프로젝트를 실행시켜봅시다.

01 무대 왼쪽 위의 ▶️을 클릭하면 프로젝트가 실행됩니다.

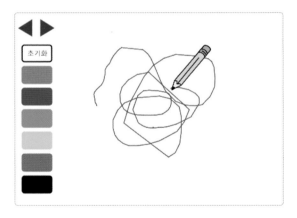

02 [마우스] 버튼을 클릭한 상태에서 움직이면 그림이 그려집니다.

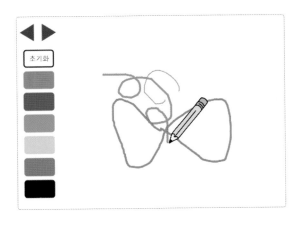

03 [색깔] 버튼을 클릭하여 그림 색깔을 설정할 수 있습니다. ◀ 버튼을 클릭하거나 키보드 왼쪽 방향키를 누르면 선 굵기가 가늘어지고, ▶ 버튼을 클릭하거나 키보드 오른쪽 방향키를 누르면 선 굵기가 굵어집니다.

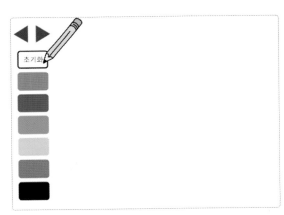

04 [초기화] 버튼을 클릭하거나 키보드 ⓒ 키를 누르면 그림이 지워집니다.

 **Training** 〉 **개념 이해하기**

✔ 펜

펜 기능을 이용해서 그림을 그릴 수 있습니다.

펜과 관련된 블록을 이용하기 위해 화면 왼쪽 아래에 위치한 확장 [기능 추가하기] 버튼 █을 클릭합니다.

[확장 기능 고르기] 창에서 '펜'을 클릭하면 펜 관련 블록들이 추가됩니다.

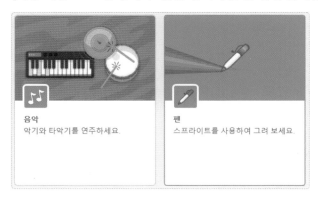

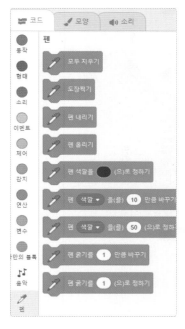

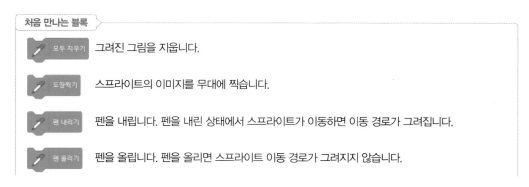

처음 만나는 블록

모두 지우기   그려진 그림을 지웁니다.

도장찍기   스프라이트의 이미지를 무대에 찍습니다.

펜 내리기   펜을 내립니다. 펜을 내린 상태에서 스프라이트가 이동하면 이동 경로가 그려집니다.

펜 올리기   펜을 올립니다. 펜을 올리면 스프라이트 이동 경로가 그려지지 않습니다.

 펜 색깔을 설정한 색으로 설정합니다. 색깔 지정할 부분을 클릭하여 원하는 색깔을 지정할 수 있고, [스포이드] 버튼 🖌을 클릭하고 원하는 색깔을 클릭해서 지정할 수도 있습니다.

 현재 부여된 펜 색깔을 설정한 값만큼 변경합니다. ▼를 눌러 채도, 명도, 투명도를 선택할 수 있습니다. 펜 색깔 값에 대한 색깔은 다음과 같습니다.

값	색깔	값	색깔	값	색깔	값	색깔
0		25		50		75	
5		30		55		80	
10		35		60		85	
15		40		65		90	
20		45		70		95	

 펜 색깔을 설정한 값으로 설정합니다. ▼를 눌러 채도, 명도, 투명도를 선택할 수 있습니다.

 현재 부여된 펜 굵기를 설정한 값만큼 변경합니다.

 펜 굵기를 설정한 값으로 설정합니다.

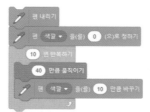

✔ 펜 색깔을 파란색으로, 펜 굵기를 3으로 설정하고 펜을 내린 후 200만큼 이동하면 이동 경로가 그려집니다.

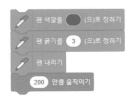 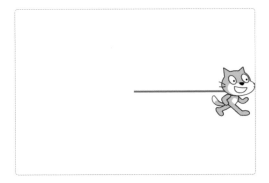

✔ 펜 굵기를 1부터 2씩 증가하며 19까지 변화시키면서 선을 그립니다.

✔ 펜 색깔 값을 0부터 10씩 증가하며 90까지 변화시키면서 선을 그립니다.

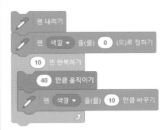 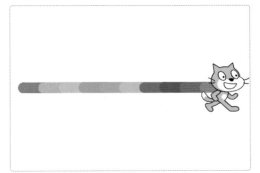

✓ 투명도를 0부터 10씩 증가하며 90까지 변화시키면서 선을 그립니다.

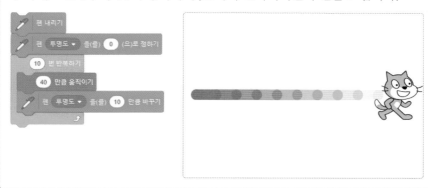

✓ 비교 연산

비교 연산은 두 값의 크기를 비교하는 연산으로 참 또는 거짓인 결과를 반환합니다. 비교 연산 관련 블록은 [연산] 카테고리에 있습니다.

처음 만나는 블록

미니 실습

✓ 1 또는 2 중 난수가 1과 같으면 홀수를 말하고, 그렇지 않으면 짝수를 말합니다.

✔ '수1' 변수와 '수2' 변수에 1~10 중 난수를 저장합니다. 만약 '수1' 값이 '수2' 값보다 크면 '큰수' 변수에 '수1' 값을 저장하고 '작은수' 변수에 '수2' 값을 저장하고, 그렇지 않으면 '큰수' 변수에 '수2' 값을 저장하고 '작은수' 변수에 '수1' 값을 저장합니다. 큰 수와 작은 수를 말합니다.

 **Make** 프로젝트 작성하기

Step 1. 스프라이트 준비하기

프로젝트에 필요한 스프라이트를 준비해보겠습니다.

01 스크래치 웹사이트에서 [만들기]를 클릭하고 기본적으로 나오는 '스프라이트 1'을 삭제합니다. [스프라이트 고르기] 버튼 ⬡을 클릭하여 'Pencil'을 가져와서 이름을 '펜'으로 변경합니다.

02 펜 끝으로 그림이 그려지도록 하기 위해 [모양] 탭을 클릭합니다. [선택] 도구 ▶를 클릭하고 펜 전체 이미지를 선택합니다.

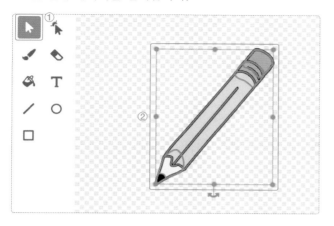

03 펜 이미지를 드래그하여 펜 끝이 중심이 되도록 이동시킵니다. 펜 끝으로 그림이 그려지게 됩니다.

04 [코드] 탭을 클릭해 [이벤트] 카테고리의 ⚑클릭했을 때 블록을 가져옵니다. [동작] 카테고리의 회전 방식을 회전하지 않기▼ (으)로 정하기 블록, [형태] 카테고리의 크기를 70%로 정하기 블록, 맨 앞쪽▼ 으로 순서 바꾸기 블록을 연결합니다.

처음 만나는 블록

스프라이트가 다른 스프라이트보다 맨 앞 또는 뒤에 보이게 합니다.

05 [스프라이트 고르기] 아이콘 을 클릭하여 'Button3'을 가져와서 이름을 '빨강'으로 변경합니다.

06 [모양] 탭을 클릭하고 채우기 색을 빨간색으로 설정합니다.

07 [채우기 색] 도구 를 클릭하고 버튼 안과 버튼 테두리를 클릭하여 빨간색으로 설정합니다.

08 [코드] 탭을 클릭해 [이벤트] 카테고리의 ⚑클릭했을 때 블록을 가져옵니다. [형태] 카테고리의 크기를 60%로 정하기 블록과 [동작] 카테고리의 x: −200 y: 60(으)로 이동하기 블록을 연결합니다. ⚑을 클릭하면 크기가 60%로 설정되고 (−200, 60) 좌표로 이동합니다.

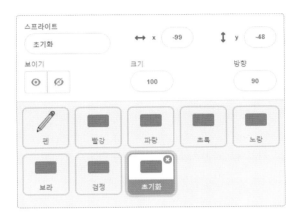

09 스프라이트 목록의 빨강 스프라이트를 마우스 오른쪽 버튼으로 클릭하고 '복사'를 선택하여 스프라이트 6개를 추가합니다. 각각의 이름을 '파랑', '초록', '노랑', '보라', '검정', '초기화'로 변경합니다.

10 '파랑' 스프라이트로 이동해서 버튼 색깔을 [모양] 탭에서 파란색으로 변경하고, 스크립트의 y좌표 값을 '20'으로 변경합니다.

11 '초록' 스프라이트의 색깔을 초록색으로, y좌표 값을 '−20'으로 변경합니다. '노랑' 스프라이트의 색깔을 노란색으로, y좌표 값을 '−60'으로 변경합니다. '보라' 스프라이트의 색깔을 보라색으로, y좌표 값을 '−100'으로 변경합니다. '검정' 스프라이트의 색깔을 검정색으로, y좌표 값을 '−140'으로 변경합니다.

12 '초기화' 스프라이트로 이동해서 버튼 안 색깔을 흰색으로 설정하고, [텍스트] 도구 **T**를 클릭한 후 버튼 안에 '초기화'를 입력합니다.

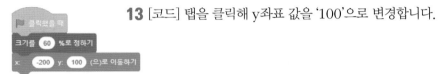

13 [코드] 탭을 클릭해 y좌표 값을 '100'으로 변경합니다.

14 펜 굵기를 감소시킬 때 사용할 버튼을 만들기 위해 [스프라이트 고르기]에서 [그리기] 버튼 ✔을 클릭합니다.

15 [텍스트] 도구 **T**를 클릭하고 'ㅁ'을 입력한 후 키보드의 한자 키를 누릅니다.

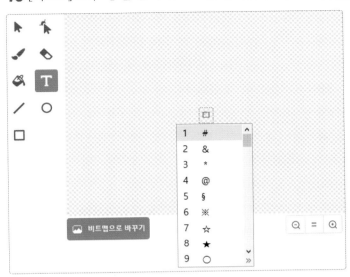

16 ◀를 찾아 선택합니다.

17 [코드] 탭을 클릭해 [이벤트] 카테고리의 ⚑클릭했을 때 블록을 가져오고, [형태] 카테고리의 크기를 200%로 정하기 블록을 연결합니다.

18 [동작] 카테고리의 x: −220 y: 150(으)로 이동하기 블록을 연결합니다. 스프라이트의 이름을 '굵기감소'로 설정합니다.

19 스프라이트 목록의 '굵기감소' 스프라이트를 마우스 오른쪽 버튼으로 클릭하고 '복사'를 선택하여 스프라이트를 1개 추가합니다. 이름을 '굵기증가'로 변경합니다.

20 '굵기증가' 스프라이트의 [모양] 탭을 클릭합니다. [선택] 도구 ▶를 클릭한 후 ◀를 선택합니다. [좌우 뒤집기] 도구 ▶◀를 클릭하면 ▶으로 변경됩니다.

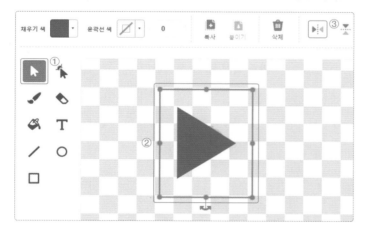

21 '굵기증가' 스프라이트의 x좌표 값을 '-185'로 변경합니다.

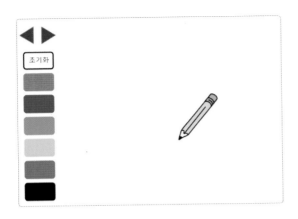

22 ▐◀을 클릭하면 각 버튼의 크기와 위치가 다음과 같이 됩니다.

Step 2. 펜 굵기 설정하기

'굵기' 변수를 이용해서 펜의 굵기를 설정해보겠습니다.

01 '펜' 스프라이트로 이동해서 [변수] 카테고리의 [변수 만들기] 버튼을 클릭해서 '굵기' 변수를 만듭니다.

02 [변수] 카테고리의 굵기▼을(를) 1로 정하기 블록을 연결합니다. '굵기' 변수에 1이 저장됩니다.

03 '굵기증가' 스프라이트로 이동해서 [이벤트] 카테고리의 이 스프라이트를 클릭했을 때 블록을 가져옵니다.

04 [변수] 카테고리의 굵기▼을(를) 1만큼 바꾸기 블록을 연결합니다. '굵기증가' 스프라이트를 클릭하면 '굵기' 변수값이 1 증가됩니다.

05 [이벤트] 카테고리의 `오른쪽 화살표▼ 키를 눌렀을 때` 블록을 가져오고, [변수] 카테고리의 `굵기▼을(를) 1만큼 바꾸기` 블록을 연결합니다. 키보드의 오른쪽 방향키를 눌러도 '굵기' 변수값이 1 증가됩니다.

06 '굵기감소' 스프라이트로 이동해서 [이벤트] 카테고리의 `이 스프라이트를 클릭했을 때` 블록을 가져옵니다.

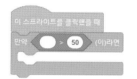

07 [제어] 카테고리의 `만약 ◇ (이)라면` 블록을 연결하고, ◇에 [연산] 카테고리의 `● > 50` 블록을 넣습니다.

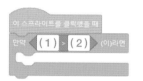

08 도전 문제 8-1▶ '굵기' 변수값이 1보다 큰 조건을 만들고자 합니다. 그렇다면 (1)과 (2)에 어떤 내용이 들어가야 하는지 생각해 보고 채우기 바랍니다. [정답 및 풀이 392쪽]

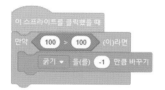

09 [변수] 카테고리의 `굵기▼을(를) -1만큼 바꾸기` 블록을 `만약 ◇ (이)라면` 안에 넣습니다. '굵기' 변수값이 1보다 큰 경우에만 '굵기' 변수값이 1 감소됩니다.

10 [이벤트] 카테고리의 `왼쪽 화살표▼ 키를 눌렀을 때` 블록을 가져오고, `이 스프라이트를 클릭했을 때`에 연결된 부분을 복사해서 연결합니다. 키보드의 왼쪽 방향키를 눌러도 동일하게 동작합니다.

그림 그리기

펜 기능을 이용해서 그림을 그려보겠습니다.

01 그리기와 관련된 블록을 가져오기 위해 화면 왼쪽 아래에 위치한 [확장 기능 추가하기] 버튼 을 클릭합니다.

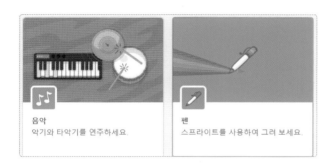

02 [확장 기능 고르기] 창이 열리면 '펜'을 클릭합니다.

음악
악기와 타악기를 연주하세요.

펜
스프라이트를 사용하여 그려 보세요.

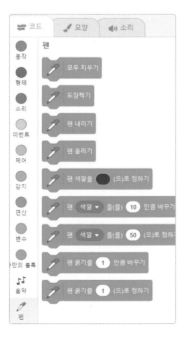

03 펜 관련 블록들이 추가됩니다.

04 '펜' 스프라이트로 이동해서 [펜] 카테고리의 `모두 지우기` 블록을 연결합니다. 이전에 그려졌던 그림이 지워집니다.

05 그림을 계속 그릴 수 있도록 [제어] 카테고리의 `무한 반복하기` 블록을 연결합니다.

06 [동작] 카테고리의 `마우스 포인터▼(으)로 이동하기` 블록을 `무한 반복하기` 안에 넣습니다. '펜' 스프라이트가 마우스 포인터 위치로 이동합니다.

07 [제어] 카테고리의 `만약 ◇ (이)라면 ~ 아니면` 블록을 연결하고, ◇에 [감지] 카테고리의 `마우스를 클릭했는가?` 블록을 넣습니다.

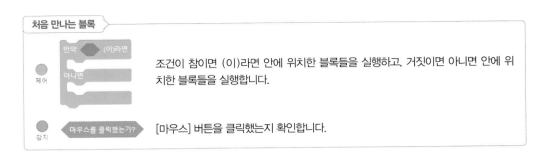

제어

조건이 참이면 (이)라면 안에 위치한 블록들을 실행하고, 거짓이면 아니면 안에 위치한 블록들을 실행합니다.

감지

[마우스] 버튼을 클릭했는지 확인합니다.

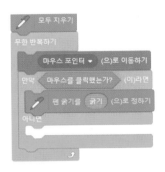

08 [펜] 카테고리의 `펜 굵기를 1(으)로 정하기` 블록을 `만약 ◇ (이)라면 ~ 아니면`의 (이)라면 안에 넣고, 1 위치에 [변수] 카테고리의 `굵기` 블록을 넣습니다. 펜 굵기가 '굵기' 변수값으로 설정됩니다.

09 [펜] 카테고리의 `펜 내리기` 블록을 연결합니다. 펜을 내린 상태에서 스프라이트가 이동하면 스프라이트의 이동 경로가 그려집니다.

10 [펜] 카테고리의 `펜 올리기` 블록을 `만약 ◇(이)라면 ~ 아니면`의 아니면 안에 넣습니다. 펜을 올리면 스프라이트의 이동 경로가 그려지지 않습니다.

Step 4. **펜 색깔 설정하기**

[색깔] 버튼에 닿으면 펜 색깔이 닿은 버튼의 색깔로 설정되도록 해보겠습니다.

01 [이벤트] 카테고리의 `▶클릭했을 때` 블록을 가져오고, [제어] 카테고리의 `무한 반복하기` 블록을 연결합니다.

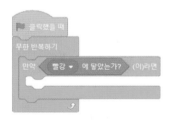

02 [제어] 카테고리의 `만약 ◇(이)라면` 블록을 `무한 반복하기` 안에 넣고, ◇에 [감지] 카테고리의 `빨강▼에 닿았는가?` 블록을 넣습니다.

03 [펜] 카테고리의 `펜 색깔을 ●(으)로 정하기` 블록을 `만약 ◇(이)라면` 안에 넣습니다.

04 펜 색깔을 ●(으)로 정하기 의 색깔 지정할 부분을 클릭합니다. 아래에 위치한 [스포이드] 버튼 🖋을 클릭하고 빨강 스프라이트를 클릭하면 빨간색으로 설정됩니다.

05 도전 문제 8-2 ㉮를 5번 복사해서 아래에 연결시킨 후 '파랑', '초록', '노랑', '보라', '검정' 스프라이트에 닿으면 해당 색깔로 설정되도록 (2)를 채우세요. [정답 및 풀이 392쪽]

Step 5. 초기화하기

'초기화' 스프라이트를 클릭하거나 키보드의 C 키를 누르면 이전 그림을 지우도록 해보겠습니다.

01 '초기화' 스프라이트로 이동해서 [이벤트] 카테고리의 이 스프라이트를 클릭했을 때 블록을 가져오고 [펜] 카테고리의 모두 지우기 블록을 연결합니다. '초기화' 스프라이트를 클릭하면 이전에 그려졌던 그림이 지워집니다.

02 [이벤트] 카테고리의 `c▼ 키를 눌렀을 때` 블록을 가져오고 [펜] 카테고리의 `모두 지우기` 블록을 연결합니다. 키보드 ⓒ 키를 눌러도 이전에 그려졌던 그림이 지워집니다.

Step 6. **검토하기**

프로젝트가 완성되면 실행시켜 제대로 동작하는지 확인해 봅니다. 만약 실행이 되지 않거나 실행 결과가 처음 의도했던 것과 다른 부분이 있으면 확인하여 수정합니다. 추가적으로 궁금한 내용은 이 책 카페의 '그림판(LESSON 08)' 게시글의 댓글로 질문하시기 바랍니다.

📓 전체 코드 작성하기

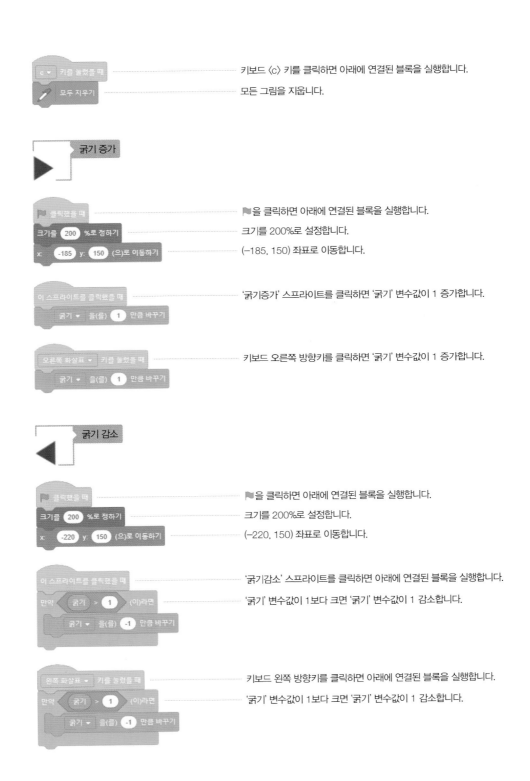

키보드 〈c〉 키를 클릭하면 아래에 연결된 블록을 실행합니다.

모든 그림을 지웁니다.

굵기 증가

▶을 클릭하면 아래에 연결된 블록을 실행합니다.

크기를 200%로 설정합니다.

(−185, 150) 좌표로 이동합니다.

'굵기증가' 스프라이트를 클릭하면 '굵기' 변수값이 1 증가합니다.

키보드 오른쪽 방향키를 클릭하면 '굵기' 변수값이 1 증가합니다.

굵기 감소

▶을 클릭하면 아래에 연결된 블록을 실행합니다.

크기를 200%로 설정합니다.

(−220, 150) 좌표로 이동합니다.

'굵기감소' 스프라이트를 클릭하면 아래에 연결된 블록을 실행합니다.

'굵기' 변수값이 1보다 크면 '굵기' 변수값이 1 감소합니다.

키보드 왼쪽 방향키를 클릭하면 아래에 연결된 블록을 실행합니다.

'굵기' 변수값이 1보다 크면 '굵기' 변수값이 1 감소합니다.

펜

━ ▶️을 클릭하면 아래에 연결된 블록을 실행합니다.

━ 회전 방식을 회전하지 않기로 설정합니다.

━ 크기를 70%로 설정합니다.

━ 다른 스프라이트보다 맨 앞에 보이게 합니다.

━ '굵기' 변수에 1을 저장합니다.

━ 모든 그림을 지웁니다.

━ 안에 연결된 블록을 무한 반복 실행합니다.

━ 마우스 포인터 위치로 이동합니다.

━ [마우스] 버튼을 클릭했으면 펜 굵기를 '굵기' 변수값으로 설정하고 펜을 내립니다.

━ (−220, 150) 좌표로 이동합니다.

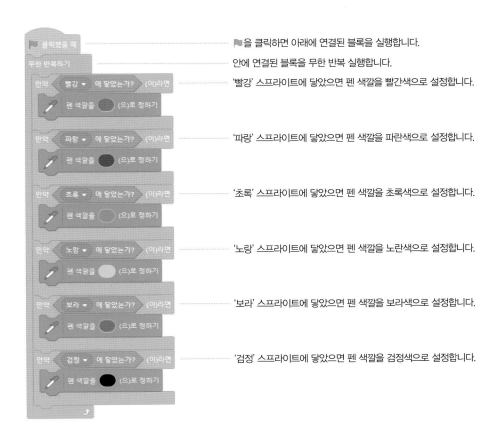

을 클릭하면 아래에 연결된 블록을 실행합니다.

안에 연결된 블록을 무한 반복 실행합니다.

'빨강' 스프라이트에 닿았으면 펜 색깔을 빨간색으로 설정합니다.

'파랑' 스프라이트에 닿았으면 펜 색깔을 파란색으로 설정합니다.

'초록' 스프라이트에 닿았으면 펜 색깔을 초록색으로 설정합니다.

'노랑' 스프라이트에 닿았으면 펜 색깔을 노란색으로 설정합니다.

'보라' 스프라이트에 닿았으면 펜 색깔을 보라색으로 설정합니다.

'검정' 스프라이트에 닿았으면 펜 색깔을 검정색으로 설정합니다.

응용 문제 8-1

그림의 일부를 지우는 지우개 기능을 추가하세요. [정답 및 풀이 393쪽]

09 홀짝 게임

👉 이 장에서 배울 핵심 포인트
- 나머지 연산자를 이용해서 홀수와 짝수를 판별하는 방법을 이해합니다.
- 무작위 문제를 제시하는 방법을 이해합니다.

그림으로 미리보기

Nano가 정한 수가 짝수인지 홀수인지 사용자가 맞춰봅니다.

사용자 대답이 맞았는지 틀렸는지를 말합니다.

 **Play** ▷ **프로젝트 실행하기**

'홀짝 게임' 프로젝트를 실행해봅시다.

01 무대 왼쪽 위의 ▶️을 클릭하면 게임을 몇 번 할건지 묻습니다.

02 Nano가 정한 수가 홀수인지 짝수인지 맞혀보라고 묻습니다.

03 사용자 대답이 맞았는지 틀렸는지와 Nano가 정한 수를 말합니다.

04 전체 게임 중 몇 번 맞혔는지를 말하고 종료합니다.

 **Make** 프로젝트 작성하기

변수 만들기

이 게임에서 필요한 변수들을 만들어봅시다.

01 스크래치 웹사이트에서 [만들기]를 클릭하고 기본적으로 나오는 '스프라이트 1'을 삭제합니다. [스프라이트 고르기] 아이콘 을 클릭하여 'Nano'를 가져옵니다.

02 [변수] 카테고리의 [변수 만들기] 버튼을 클릭해서 '전체게임수' 변수와 '맞춘수' 변수를 만듭니다. 체크상자를 해제하여 무대에 나타나지 않게 합니다. '전체게임수' 변수는 전체 게임을 몇 번 하는지를 저장하고, '맞춘수' 변수는 맞춘 게임 수를 저장합니다.

03 '구슬개수', '정답', '대답' 변수를 만듭니다. '구슬개수' 변수는 Nano가 무작위로 선택한 구슬 개수를 저장하고, '정답' 변수는 Nano가 선택한 구슬 개수가 홀수인지 짝수인지를 저장하고, '대답' 변수는 사용자가 대답한 내용을 저장합니다. 체크상자를 모두 해제합니다.

사용자로부터 게임 횟수를 입력 받고, 이 횟수만큼 게임이 반복되는 환경을 설정해보겠습니다.

01 [이벤트] 카테고리의 클릭했을 때 블록을 가져오고, [감지] 카테고리의 What's your name?라고 묻고 기다리기 블록을 연결합니다. 'What's your name?'을 '게임 몇 번할까?'로 변경합니다. [변수] 카테고리의 구슬개수▼을(를) 0로 정하기 블록을 연결하고 ▼를 눌러 '전체게임수'를 선택합니다. 0 위치에 [감지] 카테고리의 대답 블록을 넣습니다. 사용자가 대답한 게임 수가 '전체게임수' 변수에 저장됩니다.

02 [제어] 카테고리의 10번 반복하기 블록을 드래그하여 연결합니다. [변수] 카테고리의 전체게임수 블록을 10 위치에 넣습니다. '전체게임수' 만큼 반복하게 됩니다.

처음 만나는 블록

블록 안에 위치한 블록들을 반복 횟수만큼 반복해서 실행합니다.

Step 3. 문제 제시하기

구슬 개수를 무작위로 정하고 이 구슬 개수가 홀수인지 짝수인지 질문하도록 해보겠습니다.

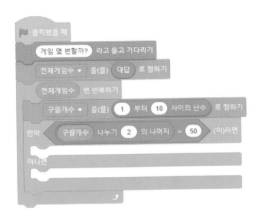

01 [변수] 카테고리의 `구슬개수▼을(를) 0으로 정하기` 블록을 `전체게임수 번 반복하기` 블록 안에 넣습니다. 0 위치에 [연산] 카테고리의 `1부터 10사이의 난수` 블록을 넣습니다. '구슬개수' 변수에 1~10 중 난수가 저장됩니다.

02 [제어] 카테고리의 `만약 ◇(이)라면 ~ 아니면` 블록을 연결합니다. [연산] 카테고리의 `● = 50` 블록을 `만약 ◇(이)라면 ~ 아니면` 블록의 ◇으로 넣고, `● 나누기 ● 의 나머지` 블록을 `● = 50` 블록의 = 왼쪽에 넣습니다. [변수] 카테고리의 `구슬개수` 블록을 `● 나누기 ● 의 나머지` 블록의 나누기 왼쪽에 넣고 2를 나누기 오른쪽에 입력합니다.

처음 만나는 블록

연산 `● 나누기 ● 의 나머지`   왼쪽 수를 오른쪽 수로 나눈 나머지를 구합니다.

Tutorial 나머지 연산자

'A 나누기 B의 나머지'는 A를 B로 나눈 나머지를 구하는 연산입니다. `7 나누기 2의 나머지`의 결과는 1, `14 나누기 3의 나머지`의 결과는 2입니다.

```
클릭했을 때
게임 몇 번할까? 라고 묻고 기다리기
전체게임수 ▼ 을(를) 대답 로 정하기
맞춘수 ▼ 을(를) 0 로 정하기
전체게임수 번 반복하기
    구슬개수 ▼ 을(를) 1 부터 10 사이의 난수 로 정하기
    만약  구슬개수 나누기 2 의 나머지 = ( 1 )  (이)라면
        정답 ▼ 을(를) 짝수 로 정하기
    아니면
        정답 ▼ 을(를) 홀수 로 정하기
    홀수인지 짝수인지 맞춰봐? 라고 묻고 기다리기
```

03 도전 문제 9-1 '구슬개수'가 짝수가 되는 조건을 만들고자 합니다. 그렇다면 (1)에는 어떤 값이 들어가야 하는지 생각해보고 채우기 바랍니다.

[정답 및 풀이 393쪽]

```
클릭했을 때
게임 몇 번할까? 라고 묻고 기다리기
전체게임수 ▼ 을(를) 대답 로 정하기
전체게임수 번 반복하기
    구슬개수 ▼ 을(를) 1 부터 10 사이의 난수 로 정하기
    만약  구슬개수 나누기 2 의 나머지 = 50  (이)라면
        정답 ▼ 을(를) 짝수 로 정하기
    아니면
        정답 ▼ 을(를) 홀수 로 정하기
```

04 [변수] 카테고리의 `정답▼을(를) 0으로 정하기` 블록을 `만약 ◇ (이)라면 ~ 아니면` 블록의 (이)라면 안에 넣습니다. 0을 '짝수'로 변경합니다. `정답▼을 (를) 0으로 정하기` 블록을 `만약 ◇ (이)라면 ~ 아니면` 블록의 아니면 안에 넣습니다. 0을 '홀수'로 변경 합니다. '구슬개수'가 짝수면 '정답' 변수에 '짝수'가 저장되고, 홀수면 '홀수'가 저장됩니다.

```
클릭했을 때
게임 몇 번할까? 라고 묻고 기다리기
전체게임수 ▼ 을(를) 대답 로 정하기
전체게임수 번 반복하기
    구슬개수 ▼ 을(를) 1 부터 10 사이의 난수 로 정하기
    만약  구슬개수 나누기 2 의 나머지 = 50  (이)라면
        정답 ▼ 을(를) 짝수 로 정하기
    아니면
        정답 ▼ 을(를) 홀수 로 정하기
    홀수인지 짝수인지 맞혀봐? 라고 묻고 기다리기
```

05 [감지] 카테고리의 `What's your name?라고 묻고 기다리기` 블록을 연결합니다. 'What's your name?'을 '홀수인지 짝수인지 맞춰봐?'로 변경 합니다.

대답하기

사용자가 대답하고, 대답한 내용이 맞았는지 틀렸는지를 말하도록 해보겠습니다.

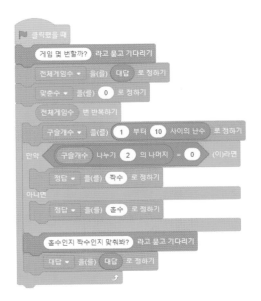

01 [변수] 카테고리의 대답▼을(를) 0로 정하기 블록을 연결합니다. 0 위치에 [감지] 카테고리의 대답 블록을 넣습니다. 사용자가 대답한 내용이 '대답' 변수에 저장됩니다.

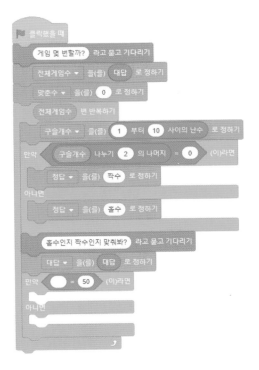

02 [제어] 카테고리의 만약 ◇ (이)라면 ~ 아니면 블록을 연결합니다. [연산]의 ● = 50 블록을 만약 ◇ (이)라면 ~ 아니면 블록의 ◇으로 넣습니다.

03 도전 문제 9-2 사용자가 대답한 내용이 맞았다는 조건을 만들고자 합니다. 그렇다면 (2)와 (3)에 어떤 내용이 들어가야 하는지 생각해보고 채우기 바랍니다. [정답 및 풀이 393쪽]

04 [형태] 카테고리의 안녕!을(를) 2초 동안 말하기 블록을 만약 만약 ◇ (이)라면 ~ 아니면 블록의 (이)라면 안에 넣습니다. '2'를 '3'으로 변경합니다. [연산] 카테고리의 ●와(과) ●결합하기 블록 2개를 연결하여 안녕!을(를) 2초 동안 말하기 블록의 '안녕!' 위치에 넣습니다. '딩동댕! 구슬개수는', '구슬개수' 변수, '개야!'를 ●와(과) ●결합하기 블록 안에 차례로 넣습니다. 사용자 대답이 맞았다는 말을 합니다.

처음 만나는 블록

연산 apple 와(과) banana 결합하기   두 개의 문자열을 연결합니다.

05 만약 ◇ (이)라면 ~ 아니면 블록의 아니면 안에 [형태] 카테고리의 안녕!을(를) 3초 동안 말하기
블록을 넣습니다. '땡! 구슬개수는 ', '구슬개수' 변수, '개야!'를 결합하여 3초 동안 말하는 블록
에 넣습니다. 사용자 대답이 틀렸다는 말을 합니다.

Step 5. 맞춘 수 계산하기

게임이 끝난 후 전체 게임 수 중 몇 개 맞았는지를 말하도록 해보겠습니다.

01 [변수] 카테고리의 맞힌수▼을(를) 0으로 정하기
블록을 전체게임수▼을(를) 대답으로 정하기 블록 아래
에 연결합니다. ▶을 클릭하면 '맞춘수' 변수에
0이 저장됩니다.

02 도전문제 9-3 사용자가 맞혔을 경우 '맞춘수' 변수값을 1 증가시키고자 합니다. 그렇다면 (4)
에 어떤 내용이 들어가야 하는지 생각해보고 채우기 바랍니다.

03 [형태] 카테고리의 [안녕! 말하기] 블록을 마지막에 연결합니다. '전체게임수' 변수, '중', '맞춘 수' 변수, '번 맞췄어!'를 결합하여 [안녕! 말하기] 블록의 안녕! 위치에 넣습니다. 이제 게임 종료할 때 몇 문제 중 몇 문제 맞췄는지를 말합니다.

Step 6. **배경 넣기**

홀짝 게임에 어울리는 배경을 넣어봅시다.

오른쪽 아래에 위치한 [배경 고르기] 아이콘 ⊙을 클릭하여 'Playground'를 선택합니다.

Step 7. **검토하기**

프로젝트가 완성되면 실행시켜 제대로 동작하는지 확인해 봅니다. 만약 실행이 되지 않거나 실행 결과가 처음 의도했던 것과 다른 부분이 있으면 확인하여 수정합니다. 추가적으로 궁금한 내용은 이 책 카페의 '홀짝 게임(LESSON 09)' 게시글의 댓글로 질문하시기 바랍니다.

📑 전체 코드 작성하기

▶을 클릭하면 아래에 연결된 블록을 실행합니다.

게임 몇 번할지 묻습니다.

사용자가 대답한 게임 수를 '전체게임수' 변수에 저장합니다.

'맞힌수' 변수에 0을 저장합니다.

안에 연결된 블록을 '전체게임수' 변수값만큼 반복 실행합니다.

'구슬개수' 변수에 1~10 중 난수를 저장합니다.

'구슬개수' 변수값이 짝수면 '정답' 변수에 짝수를 저장합니다.

'구슬개수' 변수값이 짝수가 아니면 '정답' 변수에 홀수를 저장합니다.

홀수인지 짝수인지 묻습니다.

사용자가 대답한 내용을 '대답' 변수에 저장합니다.

'대답'과 '정답'이 같으면 맞았다는 말을 하고 '맞힌수' 변수값을 1 증가시킵니다.

'대답'과 '정답'이 같지 않으면 틀렸다는 말을 합니다.

전체 몇 문제 중 몇 문제 맞혔는지 말합니다.

종료할 때 전체 게임 중 몇 번 맞췄는지 옆에 점수를 추가해보세요. 예를 들어, 5문제 중 4문제 맞췄으면 '5문제 중 4문제 맞췄고 점수는 80점이야'라고 말합니다. [정답 및 풀이 393쪽]

10

참참참 게임

👆 이 장에서 배울 핵심 포인트

• 난수를 게임에 활용하는 방법을 이해합니다.

• 스프라이트의 모양을 무작위로 선택하는 방법을 이해합니다.

그림으로 미리보기

방향키를 눌러 펭귄이 향할 방향을 예측해봅니다.

사용자가 선택한 방향이 맞았는지 틀렸는지를 말합니다.

Play 프로젝트 실행하기

준비 인터넷 주소창에 https://scratch.mit.edu/projects/281048008/를 입력한 후 Enter 를 눌러 접속하세요.

'참참참' 게임 프로젝트를 실행시켜봅시다.

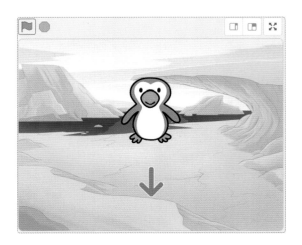

01 무대 왼쪽 위의 🚩을 클릭하면 펭귄이 정면을 향하고 화살표가 아래 방향을 향합니다.

02 펭귄이 정면을 향할 거라 판단되면 아래쪽 방향키를, 오른쪽을 향할 거라 판단되면 오른쪽 방향키를, 왼쪽을 향할 거라 판단되면 왼쪽 방향키를 누릅니다. 사용자가 선택한 방향이 맞으면 펭귄이 '방어 실패!'를 말하고, 틀리면 '방어 성공!'을 말합니다.

✔ 세 경로 중 선택하기

세 가지 이상의 여러 경로 중 하나를 선택해야 하는 선택 구조에 대해 예를 들어 살펴보겠습니다.

'선택' 변수에 1~3 중 난수를 저장하고, '선택' 변수값에 따라 실행되는 내용이 달라지는 구조는 다음과 같이 나타낼 수 있습니다.

'선택'이 1이면 ①이 참이 되어 ④를 실행하고, ②와 ③이 참인지 확인하는 데 거짓이므로 ⑤와 ⑥을 실행하지 않습니다. ②와 ③은 거짓인 걸 알면서도 확인합니다. 여기서는 난수가 1이기 때문입니다.

'선택'이 2라면 ①이 거짓이고 ②가 참이므로 ⑤를 실행합니다. ③이 거짓임에도 참인지 확인합니다. 이 구조에서는 거짓임에도 불구하고 참인지 거짓인지를 확인하는 동작을 하게 됩니다.

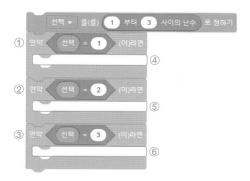

이런 문제를 개선한 구조는 다음과 같습니다.

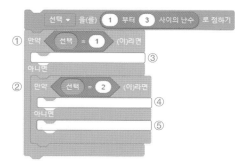

'선택'이 1이면 ①이 참이 되어 ③을 실행하고 종료합니다. '선택'이 2라면 ①이 거짓이고 ②가 참이므로 ④를 실행하고 종료합니다. 이 구조에서는 참인지 거짓인지 확인할 필요가 없는 동작은 하지 않게 됩니다. 이런 구조로 프로그램을 작성하는 것이 바람직합니다.

 **프로젝트 작성하기**

Step 1. '화살표' 스프라이트 만들기

정면, 오른쪽, 왼쪽 모양으로 구성된 '화살표' 스프라이트를 만들어봅시다.

01 스크래치 웹사이트에서 [만들기]를 클릭하고 기본적으로 나오는 '스프라이트 1'을 삭제합니다. [스프라이트 고르기] 아이콘 을 클릭하여 [스프라이트 고르기] 창에서 'Arrow1'을 가져와서 이름을 '화살표'로 변경합니다.

02 [모양] 탭을 클릭해보면 화살표 모양이 4개 있습니다. 이 중 윗쪽 방향을 가리키는 'arrow1-d' 모양을 삭제합니다. 오른쪽 방향을 가리키는 모양의 이름을 '오른쪽'으로, 왼쪽 방향을 가리키는 모양의 이름을 '왼쪽'으로, 아랫쪽 방향을 가리키는 모양의 이름을 '정면'으로 변경합니다.

03 [코드] 탭을 클릭해 [이벤트] 카테고리의 클릭했을 때 블록을 가져오고, [형태] 카테고리의 모양을 정면▼ (으)로 바꾸기 블록을 연결합니다. 을 클릭하면 화살표는 정면을 향하게 됩니다.

'펭귄' 스프라이트 만들기

정면, 오른쪽, 왼쪽 모양으로 구성된 '펭귄' 스프라이트를 만들어봅시다.

01 [스프라이트 고르기] 아이콘 🔵을 클릭하여 [스프라이트 고르기] 창에서 'Penguin 2'를 가져와서 이름을 '펭귄'으로 변경합니다.

02 [모양] 탭을 클릭해보면 4개의 모양이 있습니다. 이 중 두 번째 모양인 'penguin2-b'와 네 번째 모양인 'penguin2-d'를 삭제합니다.

03 오른쪽 방향을 향하는 모양인 'penguin2-c'에서 마우스 오른쪽 버튼을 클릭해 '복사'를 선택합니다.

04 복사된 모양에서 [선택] 도구 ▶를 클릭한 후 펭귄 전체를 선택합니다. [좌우 뒤집기] 도구 ▶◀를 클릭하면 펭귄이 왼쪽 방향을 향하게 됩니다.

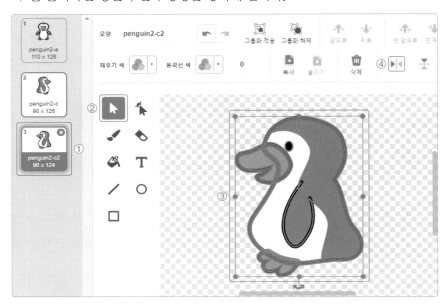

05 각 모양의 이름을 '정면', '오른쪽', '왼쪽'으로 변경합니다.

06 [코드] 탭을 클릭해 [이벤트] 카테고리의 ▶클릭했을 때 블록을 가져오고, [형태] 카테고리의 모양을 정면▼(으)로 바꾸기 블록을 연결합니다. ▶을 클릭하면 '펭귄' 스프라이트는 정면을 향하게 됩니다.

아래쪽, 오른쪽, 왼쪽 화살표 키를 누르면 화살표 모양이 정면, 오른쪽, 왼쪽으로 변하고, 사용자가 선택한 방향 정보가 변수에 저장되도록 해보겠습니다.

01 '화살표' 스프라이트로 이동해서 [이벤트] 카테고리의 스페 이스▼키를 눌렀을 때 블록을 가져옵니다. ▼를 눌러 '아래쪽 화살 표'를 선택합니다. [형태] 카테고리의 모양을 정면▼(으)로 바꾸기 블록을 연결합니다.

처음 만나는 블록

설정된 키를 누르면 아래에 연결된 블록들이 실행됩니다.

02 [변수] 카테고리의 [변수 만들기] 버튼을 클릭해서 '사용자 선택' 변수를 만듭니다. [변수] 카테고리의 나의 변수▼을(를) 0로 정하기 블록을 연결합니다. ▼를 눌러 '사용자선택'을 선택하고 0을 1로 변경합니다.

03 [이벤트] 카테고리의 메시지1▼ 신호 보내기 블록을 연결하고, '메시지1'을 '선택'으로 변경합니다. 키보드의 아래쪽 화살표 키를 누르면 화살표 모양이 정면으로 바뀌고, '사용자선택' 변 수에 1이 저장됩니다. 그리고 '선택' 신호를 보냅니다.

04 아래쪽 화살표▼키를 눌렀을 때를 마우스 오른쪽 버튼으로 클릭하고 '복사하기'를 2번 선택합니다.

05 도전문제 10-1 오른쪽 화살표 키를 누르면 화살표 모양이 오른쪽으로 바뀌고, '사용자선택' 변수에 2가 저장되도록 복사된 스크립트 ㉮를 수정하기 바랍니다. [정답 및 풀이 393쪽]

06 도전문제 10-2 왼쪽 화살표 키를 누르면 화살표 모양이 '왼쪽'으로 바뀌고, '사용자선택' 변수에 3이 저장되도록 복사된 스크립트 ㉯를 수정하기 바랍니다. [정답 및 풀이 394쪽]

Step 4. 펭귄 무작위 방향 선택하기

선택 메시지를 받으면 펭귄 모양이 정면, 오른쪽, 왼쪽 모양 중 무작위로 바뀌도록 해보겠습니다.

01 '펭귄' 스프라이트로 이동해서 [이벤트] 카테고리의 선택▼ 신호를 받았을 때 블록을 가져옵니다.

02 [변수] 카테고리의 [변수 만들기] 버튼을 클릭해서 '펭귄선택' 변수를 만듭니다. [변수] 카테고리의 펭귄선택▼을(를) 0로 정하기 블록을 연결하고, 0 위치에 [연산] 카테고리의 1부터 3사이의 난수 블록을 넣습니다. '선택' 신호를 받으면 '펭귄선택' 변수에 1~3 사이의 난수가 저장됩니다.

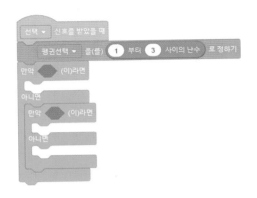

03 [제어] 카테고리의 `만약 ◇(이)라면 ~ 아니면` 블록을 연결합니다. 아니면 안에 또 다른 `만약 ◇(이)라면 ~ 아니면` 블록을 넣습니다.

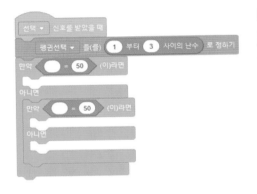

04 [연산] 카테고리의 `● = 50` 블록을 두 군데의 `만약 ◇(이)라면 ~ 아니면` 블록의 ◇으로 넣습니다.

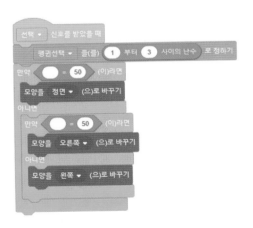

05 [형태] 카테고리의 `모양을 정면▼(으)로 바꾸기` 블록, `모양을 오른쪽▼(으)로 바꾸기` 블록, `모양을 왼쪽▼(으)로 바꾸기` 블록을 `만약 ◇(이)라면 ~ 아니면` 블록 안에 차례로 넣습니다.

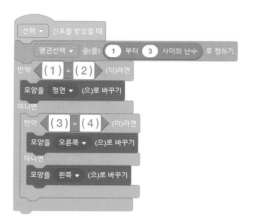

06 [도전 문제 10-3] '펭귄선택' 변수값이 1이면 '정면' 모양, 2이면 '오른쪽' 모양, 3이면 '왼쪽' 모양으로 바꾸고자 합니다. 그렇다면 (1) ~ (4)에 어떤 내용이 들어가야 하는지 생각해보고 채우기 바랍니다. [정답 및 풀이 394쪽]

Step 5. 승패 판단하기

펭귄이 방어에 성공했는지 실패했는지를 판단하도록 해보겠습니다.

01 [제어] 카테고리의 [만약 ◇ (이)라면 ~ 아니면] 블록을 연결합니다. [연산] 카테고리의 [● = 50] 블록을 ◇으로 넣습니다.

02 [형태] 카테고리의 방어 실패! 말하기 블록을 '(이)라면' 안에 넣고, 방어 성공! 말하기 블록을 '아니면' 안에 넣습니다.

03 도전 문제 10-4 ▶ 사용자가 선택한 방향이 펭귄과 같으면 펭귄이 '방어실패!'를 말하고, 그렇지 않으면 '방어 성공!'을 말하게 하고자 합니다. 그렇다면 (5)와 (6)에 어떤 내용이 들어가야 하는지 생각해보고 채우기 바랍니다. [정답 및 풀이 394쪽]

배경 넣기

배경을 넣어봅시다.

오른쪽 아래에 위치한 [배경 고르기] 아이콘 ◉을 클릭하여 'Arctic'을 선택합니다.

Step 7. **검토하기**

프로젝트가 완성되면 실행시켜 제대로 동작하는지 확인해봅니다. 만약 실행이 되지 않거나 실행 결과가 처음 의도했던 것과 다른 부분이 있으면 확인하여 수정합니다. 추가적으로 궁금한 내용은 이 책 카페의 '참참참 게임(LESSON 10)' 게시글의 댓글로 질문하시기 바랍니다.

전체 코드 작성하기

오른쪽 방향키를 누르면 아래에 연결된 블록을 실행합니다.

모양이 '오른쪽'으로 바뀝니다.

'사용자선택' 변수에 2를 저장합니다.

'선택' 신호를 보냅니다.

왼쪽 방향키를 누르면 아래에 연결된 블록을 실행합니다.

모양이 '왼쪽'으로 바뀝니다.

'사용자선택' 변수에 3을 저장합니다.

'선택' 신호를 보냅니다.

펭귄

▶을 클릭하면 아래에 연결된 블록을 실행합니다.

모양이 '정면'으로 바뀝니다.

'선택' 신호를 받으면 아래에 연결된 블록을 실행합니다.

'펭귄선택' 변수에 1~3 중 난수를 저장합니다.

'펭귄선택' 변수값이 1이면 모양이 '정면'으로 바뀝니다.

'펭귄선택' 변수값이 2면 모양이 '오른쪽'으로 바뀝니다.

'펭귄선택' 변수값이 1 또는 2가 아니면 모양이 '왼쪽'으로 바뀝니다.

'펭귄선택'과 '사용자선택'이 같으면 '방어실패'를 말합니다.

'펭귄선택'과 '사용자선택'이 같지 않으면 '방어성공!'을 말합니다.

응용 문제 10-1

'Cat2' 스프라이트를 이용해서 오른쪽, 왼쪽, 위, 아래의 네 방향으로 동작하는 프로젝트를 작성해보세요.

[정답 및 풀이 394쪽]

11

확률 게임

👆 **이 장에서 배울 핵심 포인트**
  • 무작위로 주사위를 굴리는 방법을 이해합니다.
  • 무작위로 추첨하는 방법을 이해합니다.

그림으로 미리보기

주사위 면이 무작위로 선택됩니다.

무작위로 선택된 순서에 케익을 클릭하면 불이 켜지고 축하 음악이 나옵니다.

 **Play** **프로젝트 실행하기**

준비 인터넷 주소창에 https://scratch.mit.edu/projects/281049389/를 입력한 후 Enter 를 눌러 접속하세요.

'확률 게임' 프로젝트를 실행해봅시다.

01 무대 왼쪽 위의 ⚑을 클릭하면 버튼을 클릭하라는 말을 합니다.

02 [주사위굴리기] 버튼을 클릭하면 고양이가 주사위를 클릭하라는 말을 합니다.

03 주사위를 클릭하면 주사위 면이 무작위로 선택되고, 고양이가 선택된 눈의 수를 말합니다.

04 [행운의추첨] 버튼을 클릭하면 전체 인원수를 묻습니다.

05 무작위로 선택된 순서에 케익을 클릭하면 케익에 불이 켜지면서 축하 음악이 나오고, 선택된 순서가 아니면 케익 모양은 바꾸지 않고 '보잉~' 소리가 나옵니다.

 **Make** 프로젝트 작성하기

Step 1. **버튼 만들기**

'주사위굴리기', '행운의추첨'이 적힌 버튼을 만들어보겠습니다.

01 스크래치 웹사이트에서 [만들기]를 클릭하고 기본적으로 나오는 '스프라이트 1'의 이름을 '고양이'로 변경합니다. [스프라이트 고르기] 버튼 ◉을 클릭하여 [스프라이트 고르기] 창에서 'Button2'를 가져와서 이름을 '주사위굴리기'로 변경합니다.

02 [모양] 탭을 클릭하고 채우기 색을 흰색으로 설정합니다. [텍스트] 도구 **T**를 클릭하고 버튼 안에 '주사위굴리기'를 입력합니다. 만약 텍스트가 크기가 크거나 위치가 정확하지 않으면 [선택] 도구 ▲를 클릭한 후 텍스트를 조절합니다.

03 스프라이트 목록의 주사위굴리기 스프라이트에서 마우스 오른쪽 버튼으로 클릭해 '복사'를 선택합니다.

04 복사된 버튼을 선택하고 [모양] 탭을 클릭합니다. '주사위굴리기'가 적힌 텍스트를 더블클릭한 후 '행운의추첨'으로 변경합니다. 스프라이트 이름을 '행운의추첨'으로 변경합니다.

05 버튼들을 무대 위 적당한 위치로 이동시킵니다.

주사위 만들기

여섯 개의 모양으로 구성된 '주사위' 스프라이트를 만들어보겠습니다.

01 [스프라이트 고르기]에서 [그리기] 버튼 을 클릭합니다.

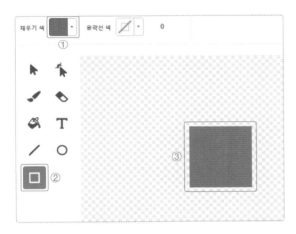

02 채우기 색을 빨간색으로 설정합니다. 직사각형 도구 를 클릭하고 [Shift] 키를 누른 상태에서 정사각형을 그립니다. [Shift] 키를 누른 상태에서 드래그하여 사각형을 그리면 정사각형이 그려집니다.

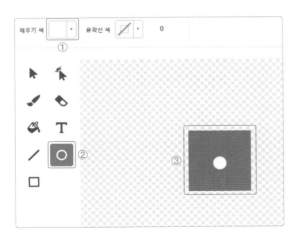

03 채우기 색을 흰색으로 설정합니다. [원] 도구 를 클릭하고 [Shift] 키를 누른 상태에서 주사위 눈을 그립니다.

04 모양의 이름을 '1'로 변경합니다.

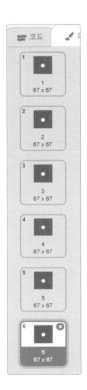

05 모양 '1'을 마우스 오른쪽 버튼으로 클릭하고 복사를 선택해서 주사위 모양 5개를 추가합니다. 각각의 이름이 2, 3, …, 6이 되었는지 확인합니다.

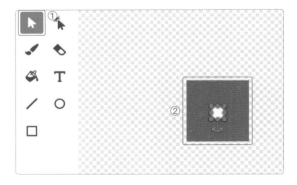

06 모양 '2'를 선택합니다. [선택] 도구 ▶를 클릭하고 원 모양의 눈을 클릭합니다.

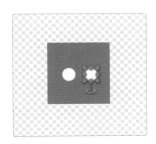

07 Ctrl + C 키를 눌러 복사하고 Ctrl + C 키를 눌러 붙여 넣습니다. 두 눈의 위치를 적당하게 이동시킵니다.

08 동일한 방법으로 모양 '3', '4', '5', '6'을 눈 수에 맞게 수정합니다. 스프라이트의 이름을 '주사위'로 설정합니다.

Step 3. 케익 스프라이트 가져오고 초기 환경 설정하기

케익 스프라이트를 가져오고, 초기 환경을 설정해보겠습니다.

01 [스프라이트 고르기] 아이콘 🐱을 클릭하여 [스프라이트 고르기] 창에서 'Cake'을 가져와서 이름을 '케익'으로 변경합니다.

02 [이벤트] 카테고리의 클릭했을때 블록을 가져옵니다. [동작] 카테고리의 x: ● y: ● (으)로 이동하기 블록을 연결하고 x값을 '0', y값을 '-50'으로 설정합니다. [형태] 카테고리의 숨기기 블록을 연결합니다. ▶을 클릭하면 (0, -50) 좌표로 이동하고 케익이 무대에서 사라집니다.

03 '고양이' 스프라이트로 이동해서 [이벤트] 카테고리의 클릭했을때 블록을 가져옵니다. [형태] 카테고리의 보이기 블록, 버튼을 클릭해!을(를) 3초 동안 말하기 블록, 숨기기 블록을 연결합니다. ▶을 클릭하면 고양이 스프라이트가 버튼을 클릭하라는 말을 하고 사라집니다.

04 '주사위' 스프라이트로 이동해서 [이벤트] 카테고리의 클릭했을때 블록을 가져옵니다. [동작] 카테고리의 x: ● y: ● (으)로 이동하기 블록을 연결하고 y값을 '-50'으로 변경합니다. [형태] 카테고리의 숨기기 블록을 연결합니다.

버튼 클릭하여 신호 보내기

각 버튼을 클릭하면 신호를 보내도록 해보겠습니다.

01 '주사위굴리기' 스프라이트로 이동해서 [이벤트] 카테고리의 이 스프라이트를 클릭했을 때 블록을 스크립트 영역으로 드래그합니다. 메시지1▼ 신호 보내기 블록을 연결하고 '메시지1'을 '주사위굴리기'로 변경합니다. 주사위굴리기 스프라이트를 클릭하면 '주사위굴리기' 신호를 보냅니다.

02 '행운의추첨' 스프라이트로 이동해서 [이벤트] 카테고리의 이 스프라이트를 클릭했을 때 블록을 가져오고 행운의추첨▼ 신호 보내기 블록을 연결합니다. '행운의추첨' 스프라이트를 클릭하면 '행운의추첨' 신호를 보냅니다.

주사위 굴리기 메시지 받기

'주사위굴리기' 메시지를 받았을 때 수행해야 할 동작을 구현해보겠습니다.

01 '고양이' 스프라이트로 이동해서 [이벤트] 카테고리의 주사위굴리기▼ 신호를 받았을 때 블록을 가져오고, [형태] 카테고리의 보이기 블록을 연결합니다. [형태] 카테고리의 주사위를 클릭해!을(를) 3초 동안 말하기 블록을 연결하고, 숨기기 블록을 연결합니다. '주사위굴리기' 메시지를 받으면 '고양이' 스프라이트가 주사위를 클릭하라는 말을 하고 사라집니다.

02 '주사위' 스프라이트로 이동해서 [이벤트] 카테고리의 주사위굴리기▼ 신호를 받았을 때 블록을 가져오고, [형태] 카테고리의 보이기 블록을 연결합니다.

03 '케익' 스프라이트로 이동해서 [이벤트] 카테고리의 주사위굴리기▼ 신호를 받았을 때 블록을 가져오고, [형태] 카테고리의 숨기기 블록을 연결합니다. '주사위 굴리기' 메시지를 받으면 '주사위' 스프라이트는 보이고 '케익' 스프라이트는 사라집니다.

Step 6. 주사위 굴리기

'주사위' 스프라이트를 클릭하면 주사위 모양이 무작위로 정해지도록 해보겠습니다.

01 '주사위' 스프라이트로 이동해서 [이벤트] 카테고리의 이 스프라이트를 클릭했을 때 블록을 드래그합니다. [변수] 카테고리에서 '눈' 변수를 만들고, 눈▼을 (를) 0로 정하기 블록을 연결합니다. 0 위치에 [연산] 카테고리의 1부터 6사이의 난수 블록을 넣습니다. '눈' 변수에 1~6 사이의 난수가 저장됩니다.

02 [형태] 카테고리의 모양을 1▼(으)로 바꾸기 블록을 연결합니다.

03 도전 문제 11-1 주사위 모양을 '눈' 변수값으로 바꾸고자 합니다. 그렇다면 (1)에 어떤 내용이 들어가야 하는지 생각해보고 채우기 바랍니다. [정답 및 풀이 394쪽]

Step 7. 주사위 굴리기 결과 말하기

'고양이' 스프라이트가 주사위 굴린 결과를 말하도록 해보겠습니다.

01 '주사위' 스프라이트에서 [이벤트] 카테고리의 주사위굴리기결과▼ 신호 보내기 블록을 이 스프라이트 클릭했을 때 스크립트에 연결합니다. '주사위굴리기결과' 신호를 보냅니다.

02 '고양이' 스프라이트로 이동해서 [이벤트] 카테고리의 주사위굴리기결과▼ 신호를 받았을 때 블록을 드래그 합니다. [형태] 카테고리의 보이기 블록을 연결합니다. '주사위굴리기결과' 메시지를 받으면 고양이 스프라이트가 나타납니다.

03 [형태] 카테고리의 안녕!을(를) 2초 동안 말하기 블록을 연결합니다. '안녕!' 위치에 [연산] 카테고리의 ● 와(과) ● 결합하기 블록을 넣고 와(과) 오른쪽에 '이(가) 나왔어!'를 넣습니다. 안녕!을(를) 2초 동안 말하기 블록의 '2'를 '3'으로 변경합니다.

04 도전 문제 11-2 선택된 주사위 눈의 수를 말하고자 합니다. 그렇다면 (2)에 어떤 내용이 들어가야 하는지 생각해보고 채우기 바랍니다. [정답 및 풀이 395쪽]

행운의 추첨 메시지를 받았을 때 수행해야 할 동작을 구현해보겠습니다.

01 '고양이' 스프라이트로 이동해서 [이벤트] 카테고리의 행운의추첨▼ 신호를 받았을 때 블록을 가져오고, [형태] 카테고리의 보이기 블록을 연결합니다.

02 [감지] 카테고리의 What's your name?라고 묻고 기다리기 블록을 연결하고 'What's your name?'을 '전체 인원수를 입력하고 순서를 정해 케익을 클릭해!'로 변경합니다.

03 [변수] 카테고리에서 '행운의수' 변수를 만들고, 행운의수▼을(를) 0으로 정하기 블록을 연결합니다. 0 위치에 [연산] 카테고리의 1부터 10사이의 난수 블록을 넣고, 10 위치에 [감지] 카테고리의 대답 블록을 넣습니다. '행운의수' 변수에 1부터 사용자가 대답한 인원수 사이의 난수가 저장됩니다.

04 [형태] 카테고리의 숨기기 블록을 연결합니다.

05 '케익' 스프라이트로 이동해서 [이벤트] 카테고리의 행운의추첨▼ 신호를 받았을 때 블록을 가져오고, [형태] 카테고리의 보이기 블록, 모양을 cake-b▼(으)로 바꾸기 블록을 연결합니다. '행운의추첨' 신호를 받으면 '케익' 스프라이트는 촛불이 꺼진 케익 모양이 됩니다.

06 '주사위' 스프라이트로 이동해서 [이벤트] 카테고리의 행운의추첨▼ 신호를 받았을 때 블록을 가져오고, [형태] 카테고리의 숨기기 블록을 연결합니다. '행운의추첨' 신호를 받으면 케익 스프라이트는 보이고 '주사위' 스프라이트는 사라집니다.

Step 9. **행운의 추첨하기**

1부터 전체 인원 수 중 무작위로 행운의 수를 선택하고, 케익을 '행운의수'번째에 클릭하면 케익의 촛불이 켜지도록 해보겠습니다.

01 '케익' 스프라이트에서 '클릭수' 변수를 만들고, 클릭수▼을(를) 0로 정하기 블록을 행운의추첨▼ 신호를 받았을 때 스크립트에 연결합니다. '클릭수' 변수는 케익을 클릭한 횟수를 저장하게 됩니다.

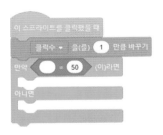

02 [이벤트] 카테고리의 이 스프라이트를 클릭했을 때 블록을 드래그하고, [변수] 카테고리의 클릭수▼을(를) 1만큼 바꾸기 블록을 연결합니다. [제어] 카테고리의 만약 ◇ (이)라면 ~ 아니면 블록을 연결하고, [연산] 카테고리의 ● = 50 블록을 ◇으로 넣습니다.

03 도전문제 11-3 케익을 클릭한 횟수와 '행운의수' 값이 같다는 조건을 만들고자 합니다. 그렇다면 (3)과 (4)에 어떤 내용이 들어가야 하는지 생각해보고 채우기 바랍니다. [정답 및 풀이 395쪽]

04 [형태] 카테고리의 모양을 cake-a▼(으)로 바꾸기 블록을 (이)라면 안에 넣습니다. [소리] 카테고리의 birthday▼ 끝까지 재생하기 블록을 연결합니다. 촛불이 켜진 케익 모양으로 변경되고 birthday를 재생합니다.

05 [소리] 탭을 클릭하고 [소리 고르기] 버튼 🔊을 클릭합니다. 'Boing'을 선택해서 가져옵니다.

06 [코드] 탭을 클릭하고 [소리] 카테고리의 Boing▼ 끝까지 재생하기 블록을 만약 ◇ (이)라면 ~ 아니면 블록의 아니면 안에 넣습니다. 케익을 클릭한 횟수와 '행운의수' 값이 같지 않으면 Boing을 재생합니다.

Step 10. **행운의 추첨 결과 말하기**

'고양이' 스프라이트가 행운의 추첨 결과를 말하도록 해보겠습니다.

01 '케익' 스프라이트에서 [이벤트] 카테고리의 `행운의추첨결과▼` `신호 보내기` 블록을 `만약 ◇ (이)라면 ~ 아니면` 블록의 (이)라면 안에 추가합니다. 케익을 클릭한 횟수와 '행운의수' 값이 같으면 '행운의추첨결과' 신호를 보냅니다.

02 '고양이' 스프라이트로 이동해서 [이벤트] 카테고리의 `행운의` `추첨결과▼ 신호를 받았을 때` 블록을 가져옵니다. [형태] 카테고리의 `보이기` 블록을 연결합니다.

03 [형태] 카테고리의 `안녕!을(를) 2초 동안 말하기` 블록을 연결합니다. '안녕!' 위치에 [연산] 카테고리의 `● 와(과) ● 결합하기` 블록을 넣고, 와(과) 오른쪽에 '번이 선택되었어!'를 넣습니다. `안녕!` `을(를) 2초 동안 말하기` 블록의 '2'를 '3'으로 변경합니다.

```
행운의추첨결과 ▼ 신호를 받았을 때
보이기
   apple 와(과) 번이 선택되었어! 결합하기 을(를) 3 초 동안 말하기
```

04 도전 문제 11-4 추첨 번호를 말하고자 합니다. 그렇다면 (5)에 어떤 내용이 들어가야 하는지 생각해보고 채우기 바랍니다. [정답 및 풀이 395쪽]

```
행운의추첨결과 ▼ 신호를 받았을 때
보이기
   ( 5 ) 와(과) 번이 선택되었어! 결합하기 을(를) 3 초 동안 말하기
```

배경 넣기

배경을 넣어봅시다.

오른쪽 아래에 위치한 [배경 고르기] 아이콘 🔘을 클릭하여 'Boardwalk'를 선택합니다.

검토하기

프로젝트가 완성되면 실행시켜 제대로 동작하는지 확인해봅니다. 만약 실행이 되지 않거나 실행 결과가 처음 의도했던 것과 다른 부분이 있으면 확인하여 수정합니다. 추가적으로 궁금한 내용은 이 책 카페의 '확률 게임(LESSON 11)' 게시글의 댓글로 질문하시기 바랍니다.

📝 **전체 코드 작성하기**

[주사위굴리기] 버튼을 클릭하면 아래에 연결된 블록을 실행합니다.

'주사위굴리기' 신호를 보냅니다.

행운의 추첨

행운의추첨

어 스프라이트를 클릭했을 때 ……………… '행운의추첨' 버튼을 클릭하면 아래에 연결된 블록을 실행합니다.
행운의추첨 ▼ 신호 보내기 ……………… '행운의추첨' 신호를 보냅니다.

고양이

▶ 클릭했을 때 ……………… ▶을 클릭하면 아래에 연결된 블록을 실행합니다.
보이기 ……………… 화면에 나타납니다.
버튼을 클릭해! 을(를) 3 초 동안 말하기 ……………… 3초 동안 버튼을 클릭하라는 말을 합니다.
숨기기 ……………… 화면에서 사라집니다.

주사위굴리기 ▼ 신호를 받았을 때 ……………… '주사위굴리기' 신호를 받으면 아래에 연결된 블록을 실행합니다.
보이기 ……………… 화면에 나타납니다.
주사위를 클릭해! 을(를) 3 초 동안 말하기 ……………… 3초 동안 주사위를 클릭하라는 말을 합니다.
숨기기 ……………… 화면에서 사라집니다.

행운의추첨 ▼ 신호를 받았을 때 ……………… '행운의추첨' 신호를 받으면 아래에 연결된 블록을 실행합니다.
보이기 ……………… 화면에 나타납니다.
전체 인원수를 입력하고 순서를 정해 케익를 클릭해! 라고 묻고 기다리기 ……………… 전체 인원수를 묻습니다.
행운의수 ▼ 을(를) 1 부터 대답 사이의 난수 로 정하기 ……………… '행운의수' 변수에 '1~대답' 중 난수를 저장합니다.
숨기기 ……………… 화면에서 사라집니다.

주사위굴리기결과 ▼ 신호를 받았을 때 ……………… '주사위굴리기결과' 신호를 받으면 아래에 연결된 블록을 실행합니다.
보이기 ……………… 화면에 나타납니다.
눈 와(과) 이(가) 나왔어! 결합하기 을(를) 3 초 동안 말하기 ……………… 3초 동안 '눈' 변수값을 말합니다.

행운의추첨결과 ▼ 신호를 받았을 때 ……………… '행운의추첨결과' 신호를 받으면 아래에 연결된 블록을 실행합니다.
보이기 ……………… 화면에 나타납니다.
행운의수 와(과) 번이 선택되었어! 결합하기 을(를) 3 초 동안 말하기 ……………… 3초 동안 '행운의수' 변수값을 말합니다.

주사위

클릭했을 때 ·········· ▶을 클릭하면 아래에 연결된 블록을 실행합니다.

x: 0 y: -50 (으)로 이동하기 ·········· (0, −50) 좌표로 이동합니다.

숨기기 ·········· 화면에서 사라집니다.

주사위굴리기 ▼ 신호를 받았을 때 ·········· '주사위굴리기' 신호를 받으면 아래에 연결된 블록을 실행합니다.

보이기 ·········· 화면에 나타납니다.

이 스프라이트를 클릭했을 때 ·········· '주사위'를 클릭하면 아래에 연결된 블록을 실행합니다.

눈 ▼ 을(를) 1 부터 6 사이의 난수 로 정하기 ·········· '눈' 변수에 1~6 중 난수를 저장합니다.

모양을 눈 (으)로 바꾸기 ·········· 모양이 '눈' 변수값으로 바뀝니다.

주사위굴리기결과 ▼ 신호 보내기 ·········· '주사위굴리기결과' 신호를 보냅니다.

행운의추첨 ▼ 신호를 받았을 때 ·········· '행운의추첨' 신호를 받으면 아래에 연결된 블록을 실행합니다.

숨기기 ·········· 화면에서 사라집니다.

케익

클릭했을 때 ·········· ▶을 클릭하면 아래에 연결된 블록을 실행합니다.

x: 0 y: -50 (으)로 이동하기 ·········· (0, −50) 좌표로 이동합니다.

숨기기 ·········· 화면에서 사라집니다.

행운의추첨 ▼ 신호를 받았을 때 ·········· '행운의추첨' 신호를 받으면 아래에 연결된 블록을 실행합니다.

보이기 ·········· 화면에 나타납니다.

모양을 cake-b ▼ (으)로 바꾸기 ·········· 모양이 'cake-b'로 바뀝니다.

클릭수 ▼ 을(를) 0 로 정하기 ·········· '클릭수' 변수에 0을 저장합니다.

'케익'을 클릭하면 아래에 연결된 블록을 실행합니다.

'클릭수' 변수값을 1 증가시킵니다.

'클릭수'와 '행운의수'가 같으면 모양이 'cake-a'로 바뀌고 birthday를 재생합니다. 그리고 '행운의추첨결과' 신호를 보냅니다.

'클릭수'와 '행운의수'가 같지 않으면 Boing을 재생합니다.

'주사위굴리기' 신호를 받으면 아래에 연결된 블록을 실행합니다.
화면에서 사라집니다.

응용 문제 11-1

[주사위굴리기] 버튼을 누르면 주사위 2개가 무작위 선택되고 오른쪽과 왼쪽 주사위 중 어느 주사위 눈이 큰지 고양이가 말하는 기능을 추가하세요. [정답 및 풀이 395쪽]

12

비만 관리하기

- 체질량지수 방법과 허리둘레-키 비율 방법을 이용해서 비만도를 판정하는 방법을 이해할 수 있습니다.
- 연산과 선택 구조를 이용해서 실생활 문제를 해결하는 방법을 이해합니다.

그림으로 미리보기

키, 몸무게, 허리둘레 등을 입력 받아 체질량지수 또는 허리둘레-키 비율을 계산합니다.

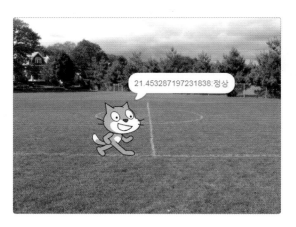

체질량지수 또는 허리둘레-키 비율을 이용해서 비만도를 판정합니다.

 **Play** 프로젝트 실행하기

준비 인터넷 주소창에 https://scratch.mit.edu/projects/281067415/를 입력한 후 Enter 를 눌러 접속하세요.

'비만 관리하기' 프로젝트를 실행해봅시다.

01 무대 왼쪽 위의 🏴을 클릭하면 비만 판정 방법을 묻습니다.

02 체질량지수 방법을 선택하면 키와 몸무게를 입력받고, 허리둘레-키 비율 방법을 선택하면 허리둘레와 키를 입력받습니다.

03 비만도 판정 결과를 말합니다.

 **프로젝트 작성하기**

판정 방법 선택하기

체질량지수(BMI)와 허리둘레-키 비율(WHtR) 중 하나를 선택해서 비만도를 구하는 전체적인 구조를 만들어보겠습니다.

01 [이벤트] 카테고리의 `클릭했을 때` 블록을 드래그합니다. [감지] 카테고리의 `What's your name?라고 묻고 기다리기` 블록을 연결하고, 'What's your name?'을 '판정 방법(1.체질량지수 2.허리둘레-키 비율)?'로 변경합니다. 비만도를 판정하는 방법을 입력받습니다.

```
클릭했을 때
판정 방법(1.체질량지수 2.허리둘레-키 비율)?  라고 묻고 기다리기
```

02 [제어] 카테고리의 `만약 ◇ (이)라면 ~ 아니면` 블록을 연결합니다. [연산] 카테고리의
`◇ 또는 ◇` 블록 2개를 연결해서 `만약 ◇ (이)라면 ~ 아니면` 블록의 ◇으로 넣습니다.

03 [연산] 카테고리의 `● = 50` 블록을 `◇ 또는 ◇` 블록 안에 넣습니다. [감지] 카테고리의 `대답` 블록을 세 개의 `● = 50` 블록의 = 왼쪽에 넣습니다.

04 `● = ●` 블록의 = 오른쪽에는 '1', '체질량지수', '1.체질량지수'를 차례로 넣습니다. 사용자가 대답한 내용이 1, 체질량지수, 1.체질량지수 중 하나면 ㉮ 부분이 실행되고, 그렇지 않으면 ㉯ 부분이 실행됩니다.

사용자로부터 입력받은 키와 몸무게를 이용해서 체질량지수를 구해보겠습니다.

01 [감지] 카테고리의 키? 라고 묻고 기다리기 블록을 (이)라면 안에 넣습니다. [변수] 카테고리
에서 '키', '몸무게', '체질량지수' 변수를 만들고, 키▼을(를) 0로 정하기 블록을 연결합니다. 0 위
치에 [감지] 카테고리의 대답 블록을 넣습니다. 사용자가 대답한 키가 '키' 변수에 저장됩니다.

02 [감지] 카테고리의 몸무게? 라고 묻고 기다리기 블록을 연결합니다. [변수] 카테고리의 몸무게▼
을(를) 0로 정하기 블록을 연결하고, 0 위치에 [감지] 카테고리의 대답 블록을 넣습니다. 사용자
가 대답한 몸무게가 '몸무게' 변수에 저장됩니다.

03 [변수] 카테고리의 `체질량지수▼을(를) 0으로 정하기` 블록을 연결합니다.

04 체질량지수를 구하는 식은 다음과 같은데, 키 단위는 m이고 몸무게 단위는 kg입니다. 이 식을 코드화해봅시다.

$$\frac{몸무게}{(키 \times 키)}$$

05 [연산] 카테고리의 `● ÷ ●` 블록을 `체질량지수▼을(를) 0으로 정하기` 블록의 0 위치에 넣습니다. `● ÷ ●` 블록의 ÷ 오른쪽에 `● × ●` 블록을 넣습니다.

Tutorial 연산 순서

여러 연산으로 이루어진 식에서는 어떤 연산이 먼저 수행되느냐에 따라 결과가 달라집니다. 가장 안쪽에 위치한 블록의
연산이 먼저 수행됩니다.

2+3인 5와 4를 곱해 20이 됩니다.

3×4인 12와 2를 더해 14가 됩니다.

06 **도전 문제 12-1** '키' 변수와 '몸무게' 변수를 이용해서 체질량지수를 구하고자 합니다. 사용자로
부터 입력받은 키 단위는 cm이고 체질량지수를 구하는 데 필요한 키 단위는 m인 점을 고려
해서 (1)~(3)에 어떤 내용이 들어가야 하는지 채우기 바랍니다. [정답 및 풀이 395쪽]

Step 3. 체질량지수를 이용한 비만도 판정하기

체질량지수에 따른 비만도 판정은 다음과 같습니다.

체질량지수	판정
18.5 미만	저체중
18.5 이상 23 미만	정상
23 이상 25 미만	과체중
25 이상 30 미만	경도비만
30 이상 35 미만	고도비만
35 이상	초고도비만

체질량지수를 이용해서 비만도를 판정해보겠습니다.

01 [제어] 카테고리의 만약 ◇ (이)라면 ~ 아니면 블록 5개를 다음과 같이 연결합니다.

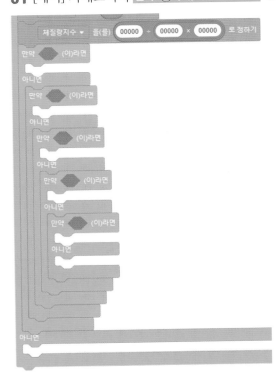

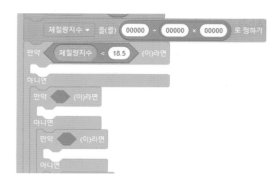

02 [연산] 카테고리의 ● ‹ ● 블록을 첫 번째 만약 ◇ (이)라면 ~ 아니면 블록의 ◇으로 넣습니다. ● ‹ ● 블록의 ‹ 왼쪽에 [변수] 카테고리의 체질량지수 블록을 넣고 오른쪽에 18.5를 넣습니다.

03 [형태] 카테고리의 안녕! 말하기 블록을 첫 번째 만약 ◇ (이)라면 ~ 아니면 블록의 (이)라면 안에 넣습니다. '체질량지수' 변수, ' : ', '저체중'을 [연산] 카테고리의 ● 와(과) ● 결합하기 블록으로 연결하여 안녕! 말하기 블록의 '안녕!' 위치에 넣습니다. '체질량지수' 변수값이 18.5 미만이면 '저체중'을 말합니다.

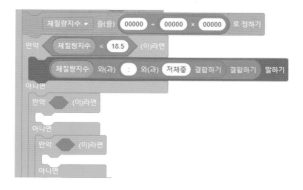

처음 만나는 블록

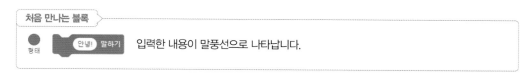

입력한 내용이 말풍선으로 나타납니다.

---

04 체질량지수 블록과 23을 넣은 ● ‹ ● 블록을 두 번째 만약 ◇ (이)라면 ~ 아니면 블록의 ◇으로 넣고, 안녕! 말하기 블록을 (이)라면 안에 넣습니다. '체질량지수' 변수, ' : ', '정상'을 결합하여 안녕! 말하기 블록의 '안녕!' 위치에 넣습니다. '체질량지수' 변수값이 18.5 이상 23 미만이면 '정상'을 말합니다.

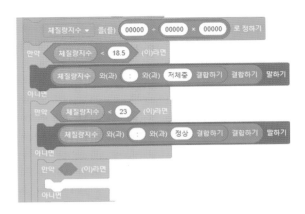

05 도전 문제 12-2 ▶ '체질량지수'가 23 이상 25 미만이면 '과체중'을, 25 이상 30 미만이면 '경도비만'을, 30 이상 35 미만이면 '고도비만'을, 35 이상이면 '초고도비만'을 말하고자 합니다. 그렇다면 (4) ~ (10)에 어떤 내용이 들어가야 하는지 생각해보고 채우기 바랍니다. [정답 및 풀이 396쪽]

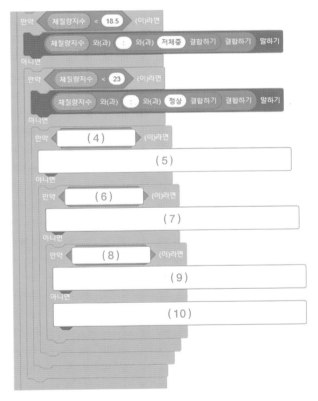

사용자로부터 입력 받은 허리둘레와 키를 이용해서 허리둘레-키 비율을 구해보겠습니다.

01 [감지] 카테고리의 `허리둘레? 라고 묻고 기다리기` 블록을 맨 마지막의 아니면 안에 넣습니다. [변수] 카테고리에서 '허리둘레', '허리둘레-키 비율' 변수를 만들고, `허리둘레▼을(를) 0로 정하기` 블록을 연결합니다. 0 위치에 [감지] 카테고리의 `대답` 블록을 넣습니다. 사용자가 대답한 허리둘레가 '허리둘레' 변수에 저장됩니다.

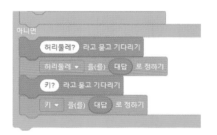

02 [감지] 카테고리의 `키? 라고 묻고 기다리기` 블록을 연결합니다. [변수] 카테고리의 `키▼을(를) 0로 정하기` 블록을 연결하고, 0 위치에 [감지] 카테고리의 `대답` 블록을 넣습니다. 사용자가 대답한 키가 '키' 변수에 저장됩니다.

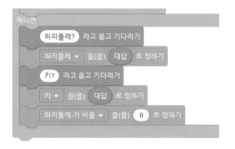

03 [변수] 카테고리의 `허리둘레-키 비율▼을(를) 0로 정하기` 블록을 연결합니다.

04 도전 문제 12-3 다음 식을 이용해서 허리둘레-키 비율을 구하고자 합니다. 그렇다면 (11)에 어떤 내용이 들어가야 하는지 생각해보고 채우기 바랍니다. [정답 및 풀이 396쪽]

$$\frac{허리둘레}{키}$$

Step 5. 허리둘레-키 비율을 이용한 비만도 판정하기

허리둘레-키 비율에 따른 비만도 판정은 다음과 같습니다.

허리둘레-키 비율	판정
0.43 미만	저체중
0.43 이상 0.53 미만	정상
0.53 이상 0.58 미만	과체중
0.58 이상 0.63 미만	비만
0.63 이상	고도비만

허리둘레-키 비율을 이용해서 비만도를 판정해보겠습니다.

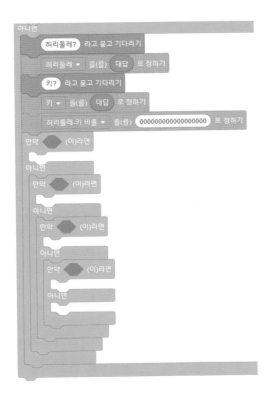

01 [제어] 카테고리의 만약 ◇ (이)라면 ~ 아니면 블록 4개를 다음과 같이 연결합니다.

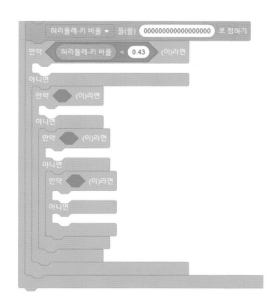

02 [연산] 카테고리의 ● < ● 블록을 첫 번째 만약 ◇ (이)라면 ~ 아니면 블록의 ◇으로 넣습니다. ● < ● 블록의 < 왼쪽에 [변수] 카테고리의 허리둘레-키 비율 블록을 넣고 오른쪽에 0.43을 넣습니다.

03 [형태] 카테고리의 안녕! 말하기 블록을 첫 번째 만약 ◇ (이)라면 ~ 아니면 블록의 (이)라면 안에 넣습니다. '허리둘레-키 비율' 변수, ' : ', '저체중'을 [연산] 카테고리의 ● 와(과) ● 결합하기 블록으로 연결하여 안녕! 말하기 블록의 '안녕!' 위치에 넣습니다. '허리둘레-키 비율' 변수값이 0.43 미만이면 '저체중'을 말합니다.

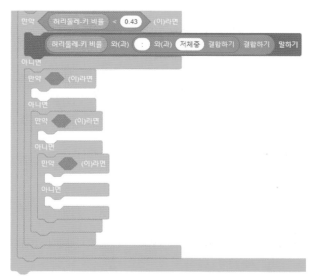

04 허리둘레-키 비율 블록과 0.53을 넣은 ●〈● 블록을 두 번째 만약 ◇ (이)라면 ~ 아니면 블록의 ◇으로 넣고, 안녕! 말하기 블록을 (이)라면 안에 넣습니다. '허리둘레-키 비율' 변수, ' : ', '정상'을 결합하여 안녕! 말하기 블록의 '안녕!' 위치에 넣습니다. '허리둘레-키 비율' 변수값이 0.43 이상 0.53 미만이면 '정상'을 말합니다.

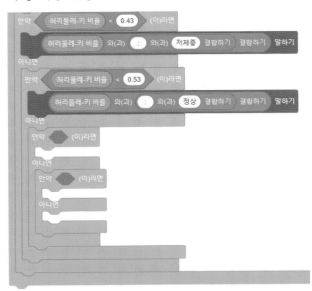

05 도전 문제 12-4 '허리둘레-키 비율'이 0.43 미만이면 '저체중'을, 0.43 이상 0.53 미만이면 '정상'을, 0.53 이상 0.58 미만이면 '과체중'을, 0.58 이상 0.63 미만이면 '비만'을, 0.63 이상이면 '고도비만'을 말하고자 합니다. 그렇다면 (12) ~ (16)에 어떤 내용이 들어가야 하는지 생각해보고 채우기 바랍니다. [정답 및 풀이 397쪽]

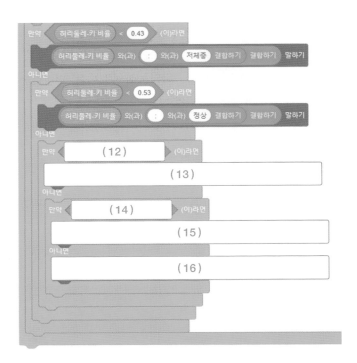

배경 넣기

배경을 넣어보겠습니다.

오른쪽 아래에 위치한 [배경 고르기] 아이콘 ⊡을 클릭하여 'Playing Field'를 선택합니다.

프로젝트가 완성되면 실행시켜 제대로 동작하는지 확인해봅니다. 만약 실행이 되지 않거나 실행 결과가 처음 의도했던 것과 다른 부분이 있으면 확인하여 수정합니다. 추가적으로 궁금한 내용은 이 책 카페의 '비만 관리하기(LESSON 12)' 게시글의 댓글로 질문하시기 바랍니다.

📋 전체 코드 작성하기

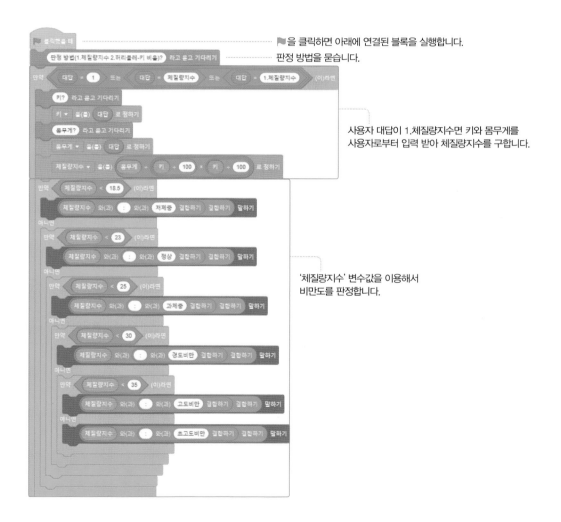

을 클릭하면 아래에 연결된 블록을 실행합니다.

판정 방법을 묻습니다.

사용자 대답이 1.체질량지수면 키와 몸무게를 사용자로부터 입력 받아 체질량지수를 구합니다.

'체질량지수' 변수값을 이용해서 비만도를 판정합니다.

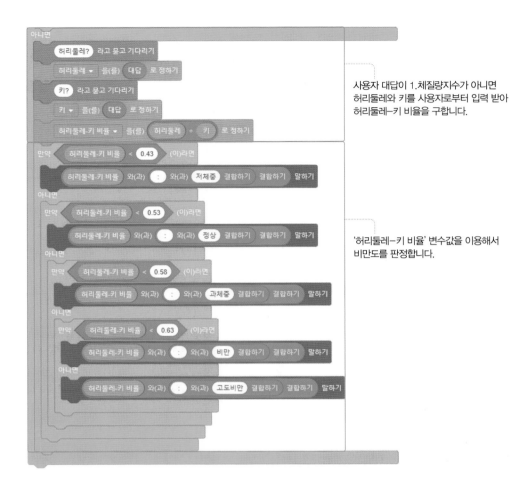

사용자 대답이 1.체질량지수가 아니면
허리둘레와 키를 사용자로부터 입력 받아
허리둘레-키 비율을 구합니다.

'허리둘레-키 비율' 변수값을 이용해서
비만도를 판정합니다.

응용 문제 12-1

연산과 선택 구조를 이용해서 실생활 문제를 해결하는 자유 주제의 프로젝트를 만들어서 이 책의 홈페이지에 자랑해 보세요.

13

정다각형 그리기

👉 이 장에서 배울 핵심 포인트

- 펜 기능을 이용해서 그림을 그리는 방법을 이해합니다.
- 사용자가 원하는 정다각형을 그리는 방법을 이해합니다.

그림으로 미리보기

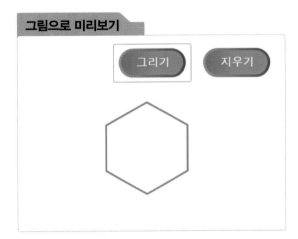

그리기 **버튼**을 클릭하면 정다각형을 그립니다.

준비 인터넷 주소창에 https://scratch.mit.edu/projects/281069373/를 입력한 후 Enter 를 눌러 접속하세요.

'정다각형 그리기' 프로젝트를 실행해봅시다.

01 무대 왼쪽 위의 🚩을 클릭하면 원숭이가 버튼을 누르라는 말을 합니다.

02 [그리기] 버튼을 클릭하면 몇 각형을 그릴지 묻습니다.

03 펜이 해당 다각형을 그리고 사라집니다.

04 [지우기] 버튼을 클릭하면 무대에 그려진 그림이 지워집니다.

 **Make** **프로젝트 작성하기**

스프라이트 준비하기

프로젝트에 필요한 '원숭이', '펜', '그리기버튼', '지우기버튼' 스프라이트를 준비해보겠습니다.

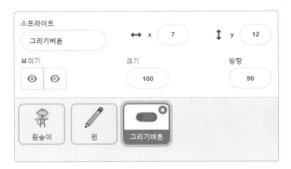

01 스크래치 웹사이트에서 [만들기]를 클릭하고 기본적으로 나오는 '스프라이트 1'을 삭제합니다. [스프라이트 고르기] 아이콘 ◉을 클릭하여 'Monkey', 'Pencil', 'Button2'를 가져와서 이름을 '원숭이', '펜', '그리기버튼'으로 변경합니다.

02 '그리기버튼' 스프라이트에서 [모양] 탭을 클릭하고 채우기 색을 흰색으로 설정합니다. [텍스트] 도구 **T**를 클릭하고 버튼 안에 '그리기'를 입력합니다.

03 '그리기버튼' 스프라이트를 복사합니다. 복사된 버튼을 선택하고 [모양] 탭을 누릅니다. '그리기'가 적힌 텍스트를 더블클릭한 후 '지우기'로 변경합니다. 스프라이트의 이름을 '지우기 버튼'으로 변경합니다.

04 버튼들을 무대 위 적당한 위치로 이동시킵니다.

Step 2. **정사각형 그리기**

정사각형을 그려보겠습니다.

01 '펜' 스프라이트로 이동해서 [형태] 카테고리의 크기를 50% 로 정하기 블록을 드래그하여 가져옵니다. [동작] 카테고리의 회 전방식을 회전하지 않기▼(으)로 정하기 블록을 연결합니다.

02 [동작] 카테고리의 x:-80 y:-70(으)로 이동하기 블록을 연결합니다. [동작] 카테고리의 0도 방향 보기 블록을 연결합니다. '펜' 스프라이트가 (-80, -70) 좌표에서 위쪽 방향을 향하게 됩니다.

03 그리기와 관련된 블록을 가져오기 위해 화면 왼쪽 아래에 위치한 [확장 기능 추가하기] 버튼 ⬛을 클릭합니다.

04 [확장 기능 고르기] 창이 열리면 '펜'을 클릭합니다.

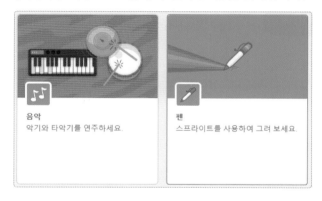

음악
악기와 타악기를 연주하세요.

펜
스프라이트를 사용하여 그려 보세요.

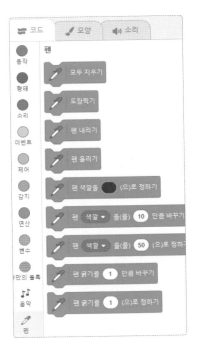

05 펜 관련 블록들이 추가됩니다.

06 [펜] 카테고리의 모두 지우기와 펜 내리기 블록을 연결합니다. 펜을 내린 상태에서 스프라이트가 이동하면 이동 경로에 선이 그려집니다.

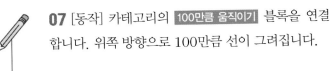

07 [동작] 카테고리의 100만큼 움직이기 블록을 연결합니다. 위쪽 방향으로 100만큼 선이 그려집니다.

08 [제어] 카테고리의 `0.1초 기다리기` 블록을 연결합니다. [동작] 카테고리의 `방향으로 90도 회전하기` 블록과 `0.1초 기다리기` 블록을 연결합니다. 시계 방향으로 90도 회전하게 되어 펜은 오른쪽 방향을 향하게 됩니다.

09 `100만큼 움직이기`를 마우스 오른쪽 버튼으로 클릭하고 '복사하기'를 선택합니다. 복사된 스크립트를 연결합니다. 오른쪽 방향으로 100만큼 선이 그려지고 펜은 아래쪽 방향을 향하게 됩니다.

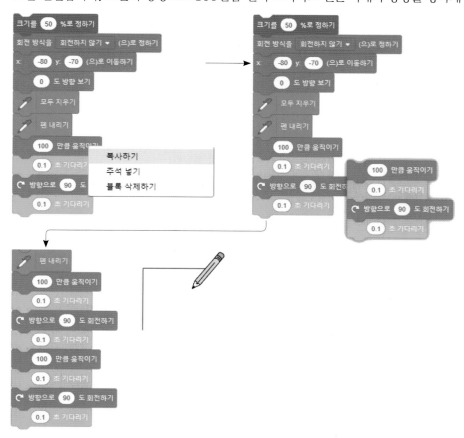

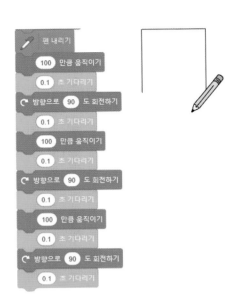

10 동일한 스크립트를 복사해서 연결합니다. 아래쪽 방향으로 100만큼 선이 그려지고 펜은 왼쪽 방향을 향하게 됩니다.

11 동일한 스크립트를 복사해서 연결합니다. 왼쪽 방향으로 100만큼 선이 그려지고 펜은 위쪽 방향을 향하게 됩니다.

12 [펜] 카테고리의 펜 올리기 블록을 연결합니다. 이 상태에서는 스프라이트가 이동해도 선이 그려지지 않습니다.

13 크기를 50%로 정하기 를 클릭해서 스크립트를 실행해 봅니다. 정사각형이 그려지는데 펜의 끝 부분으로 그려지는 것이 아니라 가운데 부분으로 그려지는 문제가 있습니다. 이 문제를 해결해보겠습니다.

14 [모양] 탭을 클릭합니다. [선택] 도구 ▶를 클릭하고 펜 전체 이미지를 선택합니다.

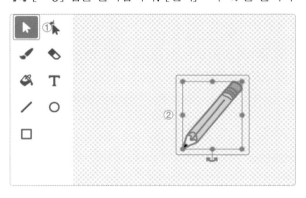

15 펜 이미지를 드래그하여 펜 끝이 중심이 되도록 이동시킵니다. 다시 실행하면 펜 끝으로 정사각형이 그려집니다. 8장에서 살펴본 내용입니다.

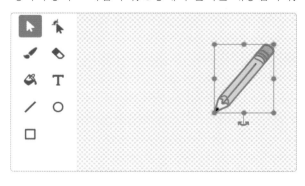

Step 3. 반복 구조로 정사각형 그리기

반복 구조를 이용해서 정사각형을 그려보겠습니다.

01 앞에서 완성한 스크립트를 보면 다음 블록이 4번 반복되는 것을 알 수 있습니다.

02 이렇게 동일한 블록들이 반복되는 경우에는 반복 구조를 이용하는 것이 바람직합니다. [제어] 카테고리의 `4번 반복하기` 블록을 이용해서 다음과 같이 수정합니다. 정사각형이 그려집니다.

03 도전 문제 13-1 정삼각형을 그리고자 합니다. 그렇다면 (1)과 (2)에 어떤 내용이 들어가야 하는지 생각해보고 채우기 바랍니다.

[정답 및 풀이 397쪽]

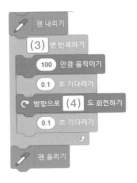

04 도전 문제 13-2 정육각형을 그리고자 합니다. 그렇다면 (3)과 (4)에 어떤 내용이 들어가야 하는지 생각해보고 채우기 바랍니다.

[정답 및 풀이 398쪽]

05 정다각형을 그리고자 할 때 선을 그린 후에 시계 방향으로 회전하는 각도를 정리하면 다음과 같습니다.

다각형 종류	회전 각도
정삼각형	120
정사각형	90
정육각형	60

06 도전 문제 13-3 정n각형을 그리고자 합니다. 그렇다면 선을 그린 후에 시계 방향으로 회전하는 각도가 어떻게 될지 생각해보고 (5)를 채우기 바랍니다. [정답 및 풀이 398쪽]

다각형 종류	회전 각도
정n각형	(5)

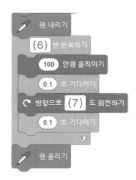

07 도전 문제 13-4 정n각형을 그리고자 합니다. 그렇다면 (6)과 (7)에 어떤 내용이 들어가야 하는지 생각해보고 채우기 바랍니다. 단, n은 변수며 3 이상의 수가 저장되어 있습니다. [정답 및 풀이 398쪽]

Step 4. 초기 환경 설정하기

본격적으로 프로젝트를 작성해봅시다. 우선 원숭이와 펜 스프라이트의 초기 환경을 설정해보 겠습니다.

01 원숭이 스프라이트로 이동해서 [이벤트] 카테고리의 ▶️ 클릭했을 때 블록을 가져옵니다. [형태] 카테고리의 보이기 블록과 버튼을 눌러주세요(를) 2초 동안 말하기 블록을 연결합니다. ▶️을 클릭하면 버튼을 누르라는 말을 합니다.

02 펜 스프라이트로 이동해서 [이벤트] 카테고리의 [🏳 클릭했을 때] 블록을 가져옵니다. [형태] 카테고리의 [크기를 50%로 정하기] 블록, [동작] 카테고리의 [회전 방식을 회전하지 않기▼(으)로 정하기] 블록, [형태] 카테고리의 [숨기기] 블록을 연결합니다. 🏳을 클릭하면 펜의 크기와 회전 방식을 설정하고 화면에서 사라집니다.

03 [펜] 카테고리의 [모두 지우기] 블록을 연결합니다. 이전에 그려졌던 그림이 지워집니다.

Step 5. 버튼 클릭하기

그리기버튼과 지우기버튼을 클릭했을 때의 동작을 설정해보겠습니다.

01 그리기버튼 스프라이트로 이동해서 [이벤트] 카테고리의 [이 스프라이트 클릭했을 때] 블록을 드래그합니다. [이벤트] 카테고리의 [메시지1▼ 신호 보내기] 블록을 연결해서, '메시지1'을 '그리기 시작'으로 변경합니다. [그리기] 버튼을 클릭하면 '그리기시작' 신호가 전송됩니다.

02 지우기버튼 스프라이트로 이동해서 [이벤트] 카테고리의 [이 스프라이트를 클릭했을 때] 블록을 드래그합니다. [펜] 카테고리의 [모두 지우기] 블록을 연결합니다. [지우기] 버튼을 클릭하면 모든 그림이 지워집니다.

'그리기시작' 신호 받기

'그리기시작' 신호를 받았을 때 수행해야 할 동작을 구현해보겠습니다.

01 원숭이 스프라이트로 이동해서 [이벤트] 카테고리의 `그리기시작▼ 신호를 받았을 때` 블록을 가져오고 [펜] 카테고리의 `모두 지우기` 블록을 연결합니다. [형태] 카테고리의 `보이기` 블록을 연결합니다. '그리기시작' 신호를 받으면 모든 그림이 지워지고 '원숭이' 스프라이트가 나타납니다.

02 [감지] 카테고리의 `몇 각형?라고 묻고 기다리기` 블록을 연결합니다. [변수] 카테고리에서 '변의수' 변수를 만들고, `변의수▼을(를) 0로 정하기` 블록을 연결합니다. 0 위치에 [감지] 카테고리의 `대답` 블록을 넣습니다. 몇 각형인지에 대한 사용자 대답이 '변의수' 변수에 저장됩니다.

03 [이벤트] 카테고리의 `그리기▼ 신호 보내기` 블록을 연결합니다. [형태] 카테고리의 `숨기기` 블록을 연결합니다. '그리기' 신호를 보내고 사라집니다.

정다각형 그리기

정다각형을 그려보겠습니다.

01 '펜' 스프라이트로 이동해서 [이벤트] 카테고리의 `그리기▼ 신호를 받았을 때` 블록을 가져오고, [형태] 카테고리의 `보이기` 블록을 연결합니다. [동작] 카테고리의 `x:-80 y:-70(으)로 이동하기` 블록과 `0도 방향 보기` 블록을 연결합니다. '그리기' 신호를 받으면 (−80, −70) 좌표로 이동해서 위쪽 방향을 향하게 됩니다.

02 [펜] 카테고리의 펜 내리기 블록과 펜 굵기를 3(으)로 정하기 블록을 연결합니다.

03 [펜] 카테고리의 펜 색깔을 ●(으)로 정하기 블록을 연결합니다. 색깔 지정할 부분을 클릭하여 원하는 색깔을 지정합니다. 아래에 위치한 [스포이드] 버튼 ◀을 클릭하고 원하는 색깔을 클릭해서 지정할 수도 있습니다.

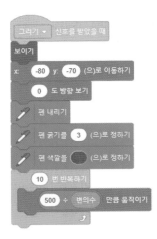

04 [제어] 카테고리의 `10번 반복하기` 블록을 연결합니다. [동작] 카테고리의 `10만큼 움직이기` 블록을 `10번 반복하기` 블록 안에 넣습니다. `10만큼 움직이기` 블록의 10 위치에 `● ÷ ●` 블록을 넣고, ÷ 왼쪽에 500을 입력하고 ÷ 오른쪽에 `변의수` 블록을 넣습니다. 다각형 변의 수에 따라 한 변의 길이가 달라집니다. 변의 수가 많으면 변의 길이가 짧아지고, 변의 수가 적으면 길어집니다.

05 [제어] 카테고리의 `0.1초 기다리기` 블록, [동작] 카테고리의 `↻ 방향으로 15도 회전하기` 블록, `0.1초 기다리기` 블록을 연결합니다.

06 도전 문제 13-5 '변의수'에 해당하는 정다각형을 그리고자 합니다. 그렇다면 (8)과 (9)에 어떤 내용이 들어가야 하는지 생각해 보고 채우기 바랍니다. [정답 및 풀이 398쪽]

07 [펜] 카테고리의 펜 올리기 블록과 [형태] 카테고리의 숨기기 블록을 연결합니다.

Step 8. **검토하기**

프로젝트가 완성되면 실행시켜 제대로 동작하는지 확인해봅니다. 만약 실행이 되지 않거나 실행 결과가 처음 의도했던 것과 다른 부분이 있으면 확인하여 수정합니다. 추가적으로 궁금한 내용은 이 책 카페의 '정다각형 그리기(LESSON 13)' 게시글의 댓글로 질문하시기 바랍니다.

전체 코드 작성하기

이 스프라이트를 클릭했을 때 ┄┄┄┄┄┄┄ [그리기] 버튼을 클릭하면 아래에 연결된 블록을 실행합니다.
　그리기시작 ▼ 신호 보내기 ┄┄┄┄┄┄┄ '그리기시작' 신호를 보냅니다.

이 스프라이트를 클릭했을 때 ┄┄┄┄┄┄┄ [지우기] 버튼을 클릭하면 아래에 연결된 블록을 실행합니다.
　모두 지우기 ┄┄┄┄┄┄┄ 모든 그림을 지웁니다.

▶을 클릭했을 때 ┄┄┄┄┄┄┄ ▶을 클릭하면 아래에 연결된 블록을 실행합니다.
보이기 ┄┄┄┄┄┄┄ 화면에 나타납니다.
　버튼을 눌러주세요. 을(를) 2 초 동안 말하기 ┄┄┄┄┄┄┄ 2초 동안 버튼을 누르라는 말을 합니다.

그리기시작 ▼ 신호를 받았을 때 ┄┄┄┄┄┄┄ '그리기시작' 신호를 받으면 아래에 연결된 블록을 실행합니다.
　모두 지우기 ┄┄┄┄┄┄┄ 모든 그림을 지웁니다.
보이기 ┄┄┄┄┄┄┄ 화면에 나타납니다.
　몇 각형? 라고 묻고 기다리기 ┄┄┄┄┄┄┄ 몇 각형을 그릴지 묻습니다.
변의수 ▼ 을(를) 대답 로 정하기 ┄┄┄┄┄┄┄ 사용자가 대답한 내용을 '변의수' 변수에 저장합니다.
그리기 ▼ 신호 보내기 ┄┄┄┄┄┄┄ '그리기' 신호를 보냅니다.
숨기기 ┄┄┄┄┄┄┄ 화면에서 사라집니다.

펜

을 클릭하면 아래에 연결된 블록을 실행합니다.

크기를 50%로 설정합니다.

회전 방식을 회전하지 않기로 설정합니다.

화면에서 사라집니다.

모든 그림을 지웁니다.

'그리기' 신호를 받으면 아래에 연결된 블록을 실행합니다.

화면에 나타납니다.

(−80, −70) 좌표로 이동합니다.

위쪽 방향을 향합니다.

펜을 내려 이동 경로가 나타나게 합니다.

펜 굵기를 3으로 설정합니다.

펜 색깔을 설정합니다.

안에 연결된 블록을 '변의수' 변수값만큼 반복 실행합니다.

500÷'변의수' 만큼 움직입니다. 이동 경로가 선으로 나타납니다.

0.1초 기다립니다.

시계 방향으로 360÷'변의수' 도 회전합니다.

0.1초 기다립니다.

펜을 올려 이동 경로가 나타나지 않게 합니다.

화면에서 사라집니다.

선의 굵기(1~5)를 선택할 수 있는 기능을 추가해보세요. [정답 및 풀이 399쪽]

14

거미줄 그리기

👉 이 장에서 배울 핵심 포인트

- 블록 만드는 방법을 이해합니다.
- 반복 구조를 이용해서 거미줄 모양의 도형을 그리는 방법을 이해합니다.

그림으로 미리보기

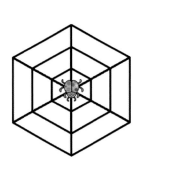

거미줄 모양의 도형을 그립니다.

 **Play** 프로젝트 실행하기

준비 인터넷 주소창에 https://scratch.mit.edu/projects/281215206/를 입력한 후 (Enter)를 눌러 접속하세요.

'거미줄 그리기' 프로젝트를 실행해봅시다.

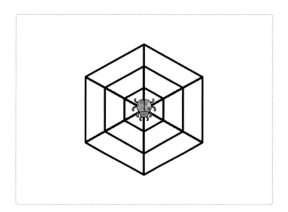

무대 왼쪽 위의 🏳을 클릭하면 거미줄 모양의 도형을 그립니다.

 Training 개념 이해하기

✅ 블록 만들기

스크래치에서는 다양한 블록을 기본적으로 제공하고 있습니다. 그러나 프로젝트를 만들다 보면 필요한 블록이 없을 때도 있습니다. 이때에는 사용자가 직접 블록을 만들어서 사용하면 됩니다. 직접 블록을 만드는 방법에 대해 살펴보겠습니다.

먼저 '점프'라는 블록을 만들어봅시다. 이 블록은 스프라이트가 위 아래로 움직이는 기능을 할 겁니다.

01 [나만의 블록] 카테고리의 [블록 만들기] 버튼을 클릭합니다.

02 [블록 만들기] 창이 열리면 '블록 이름' 위치에 '점프'를 입력합니다.

03 [확인] 버튼을 클릭하면 스크립트 영역에 점프 정의하기 블록이 만들어집니다.

04 '점프' 블록이 수행해야 할 스크립트를 점프 정의하기 아래에 작성합니다.

05 [이벤트] 카테고리의 `이 스프라이트를 클릭했을 때` 블록을 가져오고, [나만의 블록] 카테고리의 `점프` 블록을 연결합니다.

06 스프라이트를 클릭하면 위 아래로 움직이는 동작을 10번 반복합니다. `점프` 블록은 정의된 점프 블록이 실행되도록 명령하는 블록인데 '블록 호출'이라 합니다. 점프 블록을 호출하면 점프 블록 정의하기에 연결된 스크립트가 실행됩니다.

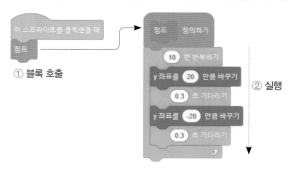

이번에는 사용자가 원하는 만큼 위 아래로 움직일 수 있게 '점프' 블록에 이동거리를 설정하는 기능을 추가하겠습니다.

01 '점프' 정의 스크립트의 `점프 정의하기` 부분을 마우스 오른쪽 버튼으로 클릭하고 '편집'을 선택합니다.

02 [블록 만들기] 창에서 이동거리를 저장하는 변수를 추가하기 위해 '입력값 추가하기'를 클릭해서 'number or text' 위치에 '이동거리'를 입력합니다.

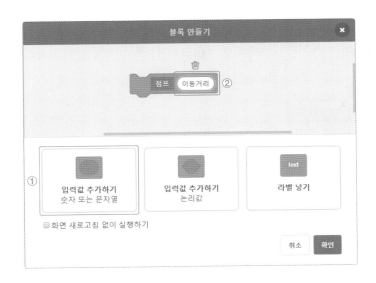

03 [확인] 버튼을 클릭하면 스크립트 영역의 '점프' 정의하는 스크립트에 '이동거리'가 추가됩니다.

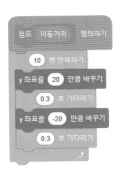

04 20이 아닌 '이동거리'만큼 위 아래로 움직이도록 이동거리 를 끌어다가 20 위치에 넣습니다. −20 위치에 ● − ● 블록을 넣고, − 왼쪽에 0을 입력하고 − 오른쪽에 이동거리 를 넣습니다. 드디어 '점프' 블록 정의를 완성했습니다.

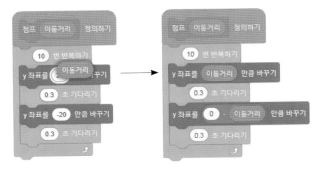

05 '점프' 호출하는 부분의 ○에 이동하기 원하는 거리를 입력해야 하는데, 50을 입력합니다. '점프 50' 호출하면 50이 전달되어 '이동거리'에 저장되어 동작합니다. 결국 50만큼 위 아래로 움직이는 동작을 반복합니다.

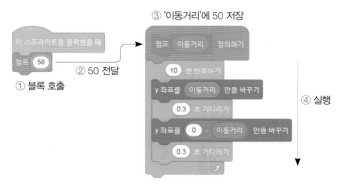

③ '이동거리'에 50 저장

② 50 전달

① 블록 호출

④ 실행

Make 〉 프로젝트 작성하기

Step 1. **초기 환경 설정하기**

그림 그릴 초기 환경을 설정해보겠습니다.

01 스크래치 웹사이트에서 [만들기]를 클릭하고 기본적으로 나오는 '스프라이트 1'을 삭제합니다. [스프라이트 고르기] 아이콘 ⊙을 클릭하여 'Ladybug1'을 가져옵니다.

02 [이벤트] 카테고리의 🏳클릭했을 때 블록을 가져오고, [형태] 카테고리의 크기를 50%로 정하기 블록을 연결합니다.

03 [동작] 카테고리의 `x: 0 y: 0(으)로 이동하기` 블록을 연결하고 `180도 방향 보기` 블록을 연결합니다. (0, 0) 좌표에서 아래쪽 방향을 향하게 됩니다.

04 화면 왼쪽 아래에 위치한 [확장 기능 추가하기] 버튼 을 클릭하고, [확장 기능 고르기] 창에서 '펜'을 클릭합니다.

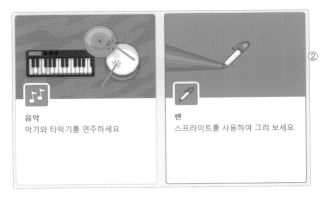

05 [펜] 카테고리의 `모두 지우기`와 `펜 굵기를 3(으)로 정하기` 블록을 연결합니다. `펜 색깔을 ●(으)로 정하기` 블록을 연결하고 색깔 지정할 부분을 클릭하여 원하는 색깔을 지정합니다.

삼각형을 그리는 삼각형 그리기 블록을 정의해보겠습니다.

01 [나만의 블록] 카테고리의 [블록 만들기] 버튼을 클릭합니다.

02 [블록 만들기] 창이 열리면 '블록 이름' 위치에 '삼각형그리기'를 입력합니다. '입력값 추가하기'를 클릭해서 'number or text' 위치에 '변의길이'를 입력합니다.

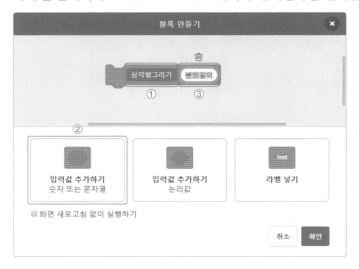

03 [확인] 버튼을 클릭하면 스크립트 영역에 삼각형그리기 변의길이 정의하기 블록이 만들어집니다.

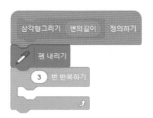

04 [펜] 카테고리의 펜 내리기 블록과 [제어] 카테고리의 3번 반복하기 블록을 연결합니다.

05 [동작] 카테고리의 10만큼 움직이기 블록을 3번 반복하기 블록 안에 넣습니다. 변의 길이를 끌어다가 10 위치에 넣습니다.

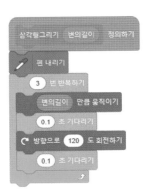

06 [제어] 카테고리의 0.1초 기다리기 블록을 연결합니다. [동작] 카테고리의 ↻ 방향으로 120도 회전하기 블록과 0.1초 기다리기 블록을 연결합니다. 한 변의 길이가 변의길이인 정삼각형이 그려집니다.

07 [펜] 카테고리의 펜 올리기 블록을 연결합니다.

응용 문제 14-1 🎯

정육각형을 그리는 '정육각형그리기' 블록을 정의해보세요. [정답 및 풀이 399쪽]

삼각형 그리기 블록을 호출해서 도형을 그려보겠습니다.

01 [나만의 블록] 카테고리의 `삼각형그리기 100` 블록을 `클릭했을 때` 스크립트 마지막에 연결합니다.

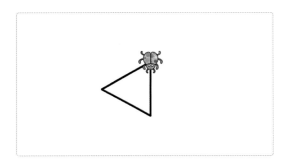

02 `▶`을 클릭하면 한 변의 길이가 100인 정삼각형이 그려집니다.

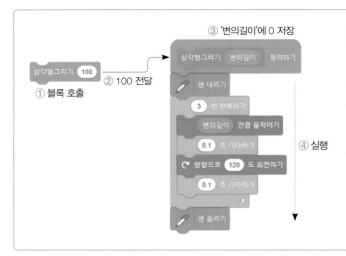

`삼각형그리기 100`은 정의된 삼각형그리기 블록이 실행되도록 명령하는 블록인데 '블록 호출'이라고 합니다. 이때 100이 전달되어 정의된 '삼각형그리기' 블록의 '변의길이' 변수에 저장되어 동작합니다.

03 [제어] 카테고리의 `6번 반복하기` 블록과 [동작] 카테고리의 `↻ 방향으로 60도 회전하기` 블록을 가져와서 다음과 같이 수정합니다. 실행시키면 오른쪽과 같은 도형이 그려집니다.

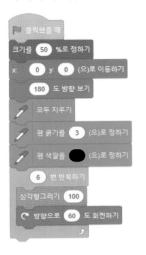

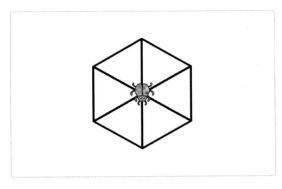

이런 도형이 어떻게 그려지는지 단계별로 살펴보겠습니다.

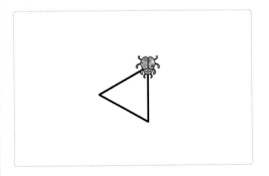

01 `삼각형그리기 100` 호출을 하면 다음과 같은 그림을 그리고, 아래 방향을 향합니다.

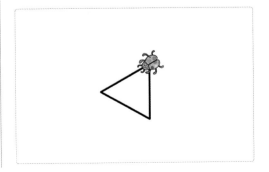

02 `↻ 방향으로 60도 회전하기`를 실행하면 시계 방향으로 60도 회전하게 되어 그림과 같이 향하게 됩니다.

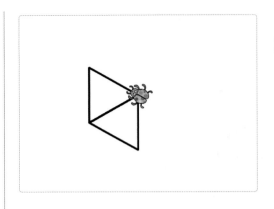

03 두 번째 삼각형그리기 100, ↻ 방향으로 60도 회전하기 를 실행하면 다음과 같은 그림이 그려집니다.

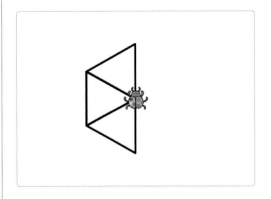

04 세 번째 삼각형그리기 100, ↻ 방향으로 60도 회전하기 를 실행하면 다음과 같은 그림이 그려집니다.

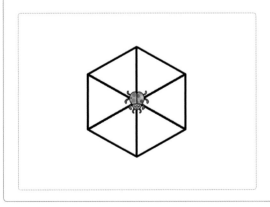

05 삼각형그리기 100, ↻ 방향으로 60도 회전하기 를 여섯 번 실행하면 결국 다음과 같은 그림이 그려집니다.

응용 문제 14-1 에서 정의한 '정육각형그리기' 블록을 이용해서 다음과 같은 도형을 그려보세요. [정답 및 풀이 399쪽]

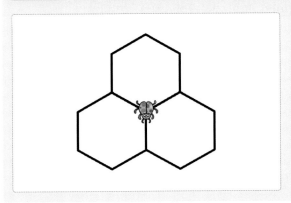

Step 4. 거미줄 그리기

다음과 같은 단계로 도형을 그리면 거미줄이 그려집니다. Step 1에서는 한 변의 길이가 40인 정삼각형 6개를 그리고, Step 2에서는 한 변의 길이가 80인 정삼각형 6개를 그립니다. 그리고 Step 3에서는 한 변의 길이가 120인 정삼각형 6개를 그립니다.

Step 1	Step 2	Step 3

이 방법으로 거미줄을 그려보겠습니다.

01 한 변의 길이가 40인 정삼각형 6개를 그립니다.

02 한 변의 길이가 80인 정삼각형 6개를 그립니다.

03 한 변의 길이가 120인 정삼각형 6개를 그립니다.

㉮, ㉯, ㉰를 살펴보면 한 변의 길이만 40, 80, 120으로 차이가 있지 다른 부분은 모두 같은 것을 알 수 있습니다. 이런 경우에는 반복 구조를 이용하는 것이 바람직합니다. 반복 구조를 이용해서 그려보겠습니다.

Step 5. 중첩반복구조로 거미줄 그리기

반복 구조 안에 또 다른 반복 구조가 포함된 중첩반복구조를 이용해서 거미줄을 그려보겠습니다.

01 [제어] 카테고리의 `3번 반복하기` 블록을 가져와서 연결하고 정삼각형 6개 그리는 블록을 안쪽에 넣습니다.

02 첫 번째 반복에서는 한 변의 길이가 40이 되어야 하고, 두 번째 반복에서는 80, 세 번째 반복에서는 120이 되어야 합니다. 이렇게 값이 변해야 하는 경우에는 변수를 사용해야 합니다. [변수] 카테고리에서 '길이' 변수를 만들고, 길이▼을(를) 40로 정하기 블록을 연결합니다.

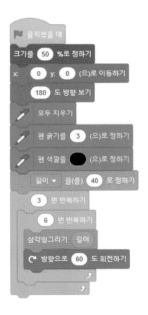

03 삼각형그리기 40 의 40 위치에 [변수] 카테고리의 길이 블록을 넣습니다.

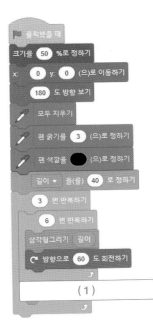

04 도전 문제 14-1 두 번째 반복에서는 '길이' 변수값이 80이 되고, 세 번째 반복에서는 120이 되어야 합니다. 그렇다면 (1)에 어떤 내용이 들어가야 하는지 생각해보고 채우기 바랍니다. [정답 및 풀이 399쪽]

Step 6. 검토하기

프로젝트가 완성되면 실행시켜 제대로 동작하는지 확인해 봅니다. 만약 실행이 되지 않거나 실행 결과가 처음 의도했던 것과 다른 부분이 있으면 확인하여 수정합니다. 추가적으로 궁금한 내용은 이 책 카페의 '거미줄 그리기(LESSON 14)' 게시글의 댓글로 질문하시기 바랍니다.

전체 코드 작성하기

Ladybug 1

▶️을 클릭하면 아래에 연결된 블록을 실행합니다.

크기를 50%로 설정합니다.

(0, 0) 좌표로 이동합니다.

아래쪽 방향을 향합니다.

모든 그림을 지웁니다.

펜 굵기를 3으로 설정합니다.

펜 색깔을 설정합니다.

'길이' 변수에 40을 저장합니다.

안에 연결된 블록을 3번 반복 실행합니다.

안에 연결된 블록을 6번 반복 실행합니다.

'삼각형그리기' 블록을 호출합니다. 이때 '길이' 변수값을 전달합니다.

시계 방향으로 60도 회전합니다.

'길이' 변수값을 40 증가시킵니다.

'삼각형그리기' 블록을 정의합니다.

펜을 내려 이동 경로가 나타나게 합니다.

안에 연결된 블록을 3번 반복 실행합니다.

'변의길이' 만큼 움직입니다. 이동 경로가 선으로 나타납니다.

0.1초 기다립니다.

시계 방향으로 120도 회전합니다.

0.1초 기다립니다.

펜을 올려 이동 경로가 나타나지 않게 합니다.

응용 문제 14-1 에서 정의한 '정육각형그리기' 블록을 이용해서 다음과 같은 도형을 그려보세요. [정답 및 풀이 399쪽]

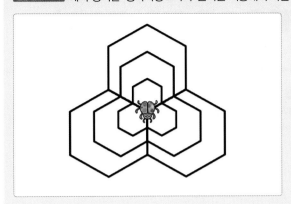

15

재귀 블록으로 도형 그리기

👉 **이 장에서 배울 핵심 포인트**

• 임의의 블록에서 자기 자신을 호출하여 문제를 해결하는 블록을 재귀 블록이라 합니다.

• 재귀를 이용해서 다양한 도형을 그리는 방법을 이해합니다.

그림으로 미리보기

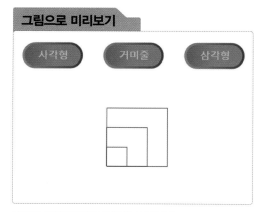

재귀를 이용해서 정사각형을 그립니다.

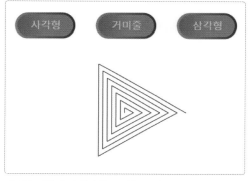

재귀를 이용해서 삼각형 모양을 그립니다.

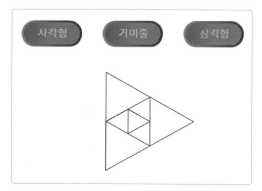

재귀를 이용해서 삼각형 안에 또다른 삼각형을 그립니다.

 **Play** 프로젝트 실행하기

준비 인터넷 주소창에 https://scratch.mit.edu/projects/281216197/를 입력한 후 Enter를 눌러 접속하세요.

'재귀 블록으로 도형 그리기' 프로젝트를 실행해봅시다.

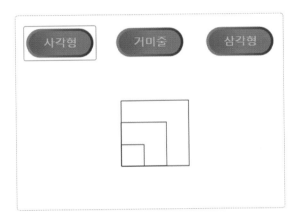

01 [사각형] 버튼을 클릭하면 크기가 다른 3개의 정사각형을 그립니다.

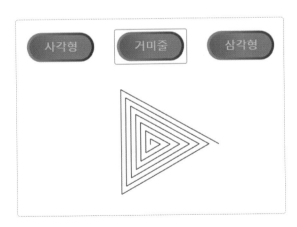

02 [거미줄] 버튼을 클릭하면 삼각형 모양의 거미줄을 그립니다.

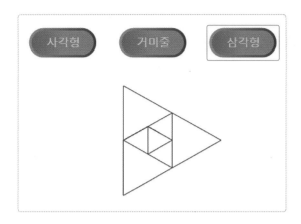

03 [삼각형] 버튼을 클릭하면 삼각형 안에 또 다른 삼각형이 있는 도형을 그립니다.

Training > **개념 이해하기**

✔ 재귀

재귀란 임의의 블록에서 자기 자신을 호출하여 문제를 해결하는 구조를 의미하는데, 예를 통해 어떤 개념인지 살펴보겠습니다.

'인사'라는 블록을 정의하고, '인사' 블록을 호출합니다.

1초 동안 '안녕!'을 말하고 0.2초 후에 '인사' 블록을 다시 호출합니다. 그러면 '인사' 블록이 다시 실행되어 1초 동안 '안녕!'을 말하고 0.2초 후에 '인사'를 다시 호출합니다. 이런 동작이 끝없이 반복됩니다.

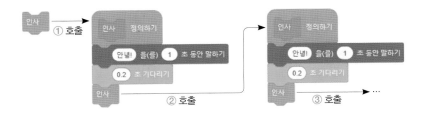

이와 같이 임의의 블록에서 자기 자신을 다시 호출하는 것을 '재귀 호출'이라고 하고 이런 블록을 '재귀 블록'이라고 합니다.

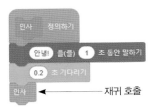

그런데 이 '인사' 블록은 계속해서 '인사' 블록을 호출하므로 종료되지 않는 문제가 발생합니다. 이런 문제가 발생한 이유는 종료되는 조건이 없기 때문입니다.

수정한 다음 블록은 '안녕!'을 '횟수'번 말하고 종료하게 됩니다.

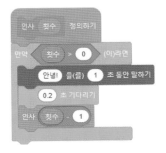

다음과 같이 호출하면 '안녕!'을 3번 말하고 종료합니다.

어떻게 동작하는지를 아는 것이 중요하므로 동작 과정을 살펴보겠습니다.

01 [나만의 블록] 카테고리에서 '인사' 블록을 만들어 호출합니다. 이때 3이 전달되어 '횟수'에 3이 저장됩니다.

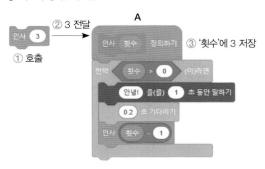

02 '횟수' 3이 0보다 크므로 '안녕!'을 1초 동안 말하고 자기 자신인 '인사' 블록을 호출합니다. 현재 '횟수'가 3이므로 횟수-1인 2가 전달되어 B의 '횟수'에 2가 저장됩니다.

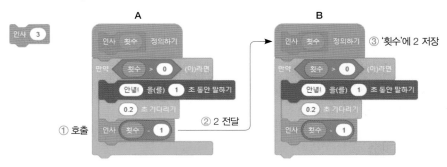

03 '횟수' 2가 0보다 크므로 '안녕!'을 1초 동안 말하고 자기 자신인 '인사' 블록을 호출합니다. 현재 '횟수'가 2이므로 횟수-1인 1이 전달되어 C의 '횟수'에 1이 저장됩니다.

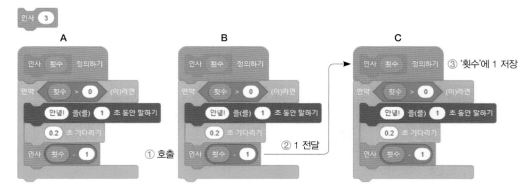

04 '횟수' 1이 0보다 크므로 '안녕!'을 1초 동안 말하고 자기 자신인 '인사' 블록을 호출합니다. 현재 '횟수'가 1이므로 횟수−1인 0이 전달되어 D의 '횟수'에 0이 저장됩니다.

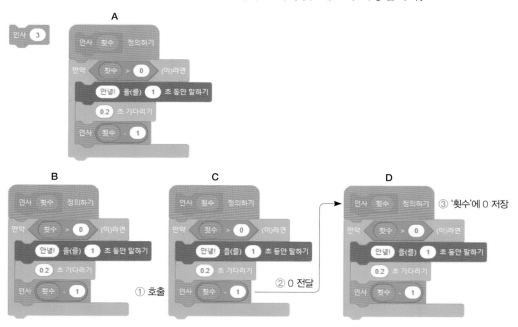

05 '횟수' 0이 0보다 크지 않으므로 더 이상 실행하지 않고 종료합니다. '횟수'가 0이 되면 더 이상 재귀 호출을 하지 않고 종료하게 됩니다.

 Make > 프로젝트 작성하기

Step 1. 스프라이트 준비하기

프로젝트에 필요한 펜, 사각형버튼, 거미줄버튼, 삼각형버튼을 준비해보겠습니다.

01 스크래치 웹사이트에서 [만들기]를 클릭하고 기본적으로 나오는 '스프라이트 1'을 삭제합니다. [스프라이트 고르기] 아이콘 ●을 클릭하여 'Pencil', 'Button2'를 가져와서 이름을 '펜', '사각형버튼'으로 변경합니다.

02 '사각형버튼' 스프라이트에서 [모양] 탭을 클릭하고 채우기 색을 흰색으로 설정합니다. 텍스트 도구 **T**를 클릭하고 버튼 안에 '사각형'을 입력합니다.

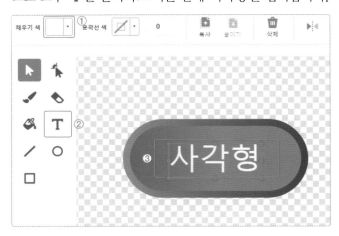

03 [스프라이트 고르기] 아이콘 ●을 클릭하여 'Button2'를 2개 가져옵니다. 각 버튼 안에 '거미줄'과 '삼각형'을 입력하고 이름을 '거미줄버튼'과 '삼각형버튼'으로 변경합니다.

04 버튼들을 무대 위 적당한 위치로 이
동시킵니다.

05 '펜' 스프라이트의 [모양] 탭을 클릭합니다. 선택 도구 ▶를 클릭하고 펜 이미지를 드래그
하여 펜 끝이 중심이 되도록 합니다.

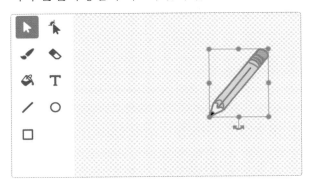

06 [코드] 탭을 클릭해서 화면 왼쪽 아래에 위치한 [확장 기능 추가하기] 버튼 ▬을 클릭하고,
[확장 기능 고르기] 창에서 '펜'을 클릭합니다.

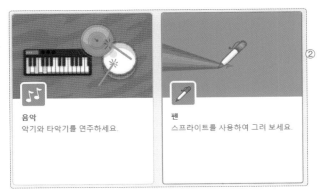

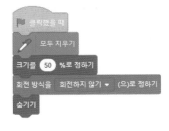

07 [코드] 탭을 클릭해서 [이벤트] 카테고리의 클릭했을 때 블록을 가져옵니다. [펜] 카테고리의 모두 지우기 블록, [형태] 카테고리의 크기를 50%로 정하기 블록, [동작] 카테고리의 회전 방식을 회전하지 않기▼(으)로 정하기 블록, [형태] 카테고리의 숨기기 블록을 연결합니다. ▶을 클릭하면 펜의 크기와 회전 방식을 설정하고 화면에서 사라집니다.

Step 2. 버튼 클릭하기

각 버튼을 클릭하면 메시지가 방송되도록 해보겠습니다.

01 '사각형버튼' 스프라이트로 이동해서 [이벤트] 카테고리의 이 스프라이트를 클릭했을 때 블록을 드래그합니다. [이벤트] 카테고리의 사각형그리기▼ 신호 보내기 블록을 연결합니다. [사각형] 버튼을 클릭하면 '사각형그리기' 신호가 전송됩니다.

02 '거미줄버튼' 스프라이트로 이동해서 [이벤트] 카테고리의 이 스프라이트를 클릭했을 때 블록을 드래그 합니다. [이벤트] 카테고리의 거미줄그리기▼ 신호 보내기 블록을 연결합니다. [거미줄] 버튼을 클릭하면 '거미줄그리기' 신호가 전송됩니다.

03 '삼각형버튼' 스프라이트로 이동해서 [이벤트] 카테고리의 이 스프라이트를 클릭했을 때 블록을 드래그합니다. [이벤트] 카테고리의 삼각형그리기▼ 신호 보내기 블록을 연결합니다. [삼각형] 버튼을 클릭하면 '삼각형그리기' 신호가 전송됩니다.

사각형 블록 정의하기

재귀를 이용해서 크기가 다른 사각형들을 그리는 사각형 블록을 정의해보겠습니다.

01 '펜' 스프라이트로 이동해서 [나만의 블록] 카테고리의 [블록 만들기] 버튼을 클릭합니다.

02 [블록 만들기] 창이 열리면 '블록 이름' 위치에 '사각형'을 입력합니다. '입력값 추가하기'를 클릭해서 'number or text' 위치에 '개수'를 입력합니다.

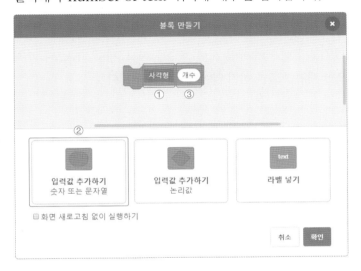

03 [확인] 버튼을 클릭하면 스크립트 영역에 사각형 개수 정의하기 블록이 만들어집니다. [제어] 카테고리의 만약 ◇ (이)라면 블록을 연결합니다.

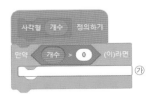

04 [연산] 카테고리의 ● > ● 블록을 만약 ◇ (이)라면 의 ◇ 으로 넣습니다. 개수 를 끌어다가 > 왼쪽에 넣고, 0을 > 오른쪽에 입력합니다. '개수'가 0보다 큰 경우에만 ㉮ 부분이 실행됩니다.

05 [제어] 카테고리의 `4번 반복하기` 블록을 `만약 ◇ (이)라면` 안에 넣습니다. [동작] 카테고리의 `개수 × 40 만큼 움직이기` 블록과 `↻ 방향으로 90도 회전하기` 블록을 `4번 반복하기` 블록 안에 넣습니다. 한 변의 길이가 '개수'×40인 정사각형이 그려집니다.

06 [나만의 블록] 카테고리의 `사각형 ●` 블록을 연결하고 [연산] 카테고리의 `● - ●` 블록을 넣습니다. – 왼쪽에 `개수`를 끌어다가 넣고 – 오른쪽에 1을 입력합니다. 재귀 호출에 해당되는데, '개수'가 0보다 큰 경우에만 재귀 호출을 하고 '개수'가 0보다 크지 않으면 재귀 호출을 하지 않아 종료하게 됩니다.

Step 4. **크기가 다른 사각형 그리기**

'사각형그리기' 신호를 받으면 '사각형' 블록을 호출하여 크기가 다른 사각형들을 그려보겠습니다.

01 [이벤트] 카테고리의 `사각형그리기▼ 신호를 받았을 때` 블록을 가져오고, [동작] 카테고리의 `x:-50 y:-100(으)로 이동하기` 블록과 `0 도 방향 보기` 블록을 연결합니다. '펜' 스프라이트가 (−50, −100) 좌표에서 위쪽 방향을 향하게 됩니다.

02 [펜] 카테고리의 모두 지우기 블록, [형태] 카테고리의 보이기 블록, [펜] 카테고리의 펜 내리기 블록을 연결합니다.

03 [나만의 블록] 카테고리의 사각형 3 블록을 연결합니다. 정의된 삼각형 블록이 실행되도록 하는 블록인데, 이때 3이 전달되어 '개수'에 저장됩니다.

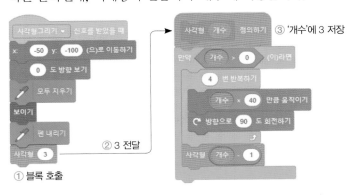

04 [펜] 카테고리의 펜 올리기 블록, [형태] 카테고리의 숨기기 블록을 연결합니다.

'사각형 3'을 호출하면 도형이 어떻게 그려지는지 단계별로 살펴보겠습니다.

01 펜이 위쪽 방향을 향한 상태에서 사각형3 호출을 합니다. 이때 3이 전달되어 A의 '개수'에 3이 저장됩니다.

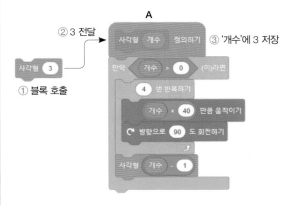

02 A의 '개수'가 3이므로 만약 ◇ (이)라면의 '개수' > 0이 참이 되어 ㉮를 실행합니다. 한 변의 길이가 '개수'×40, 즉 120인 정사각형이 그려집니다.

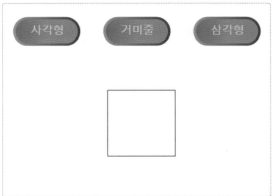

03 사각형 개수-1, 즉 사각형 2 호출을 합니다. 2가 전달되어 B의 '개수'에 2가 저장됩니다.

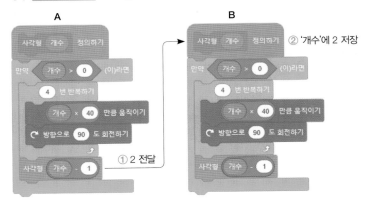

04 B의 '개수'가 2이므로 만약 ◇ (이)라면 의 '개수' > 0이 참이 되어 ㈏를 실행합니다. 한 변의 길이가 '개수'×40, 즉 80인 정사각형이 그려집니다.

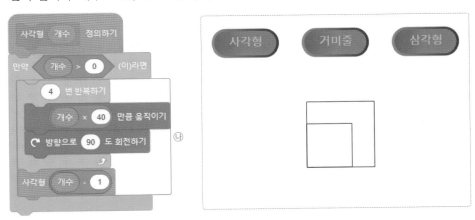

05 사각형 개수-1, 즉 사각형 1 호출을 합니다. 1이 전달되어 C의 '개수'에 1이 저장됩니다.

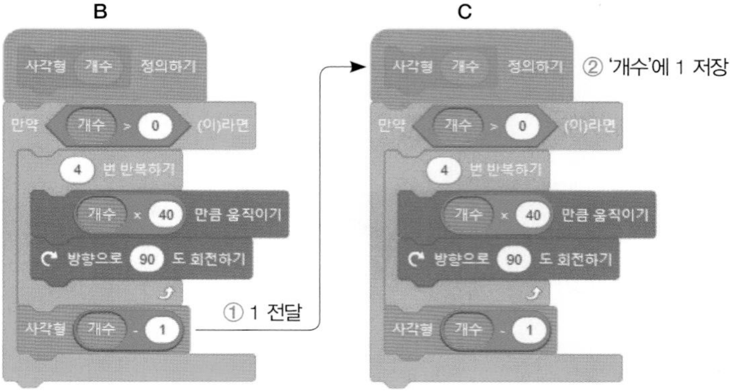

06 C의 '개수'가 1이므로 만약 ◇ (이)라면의 '개수'>0이 참이 되어 ㉰를 실행합니다. 한 변의 길이가 '개수'×40, 즉 40인 정사각형이 그려집니다.

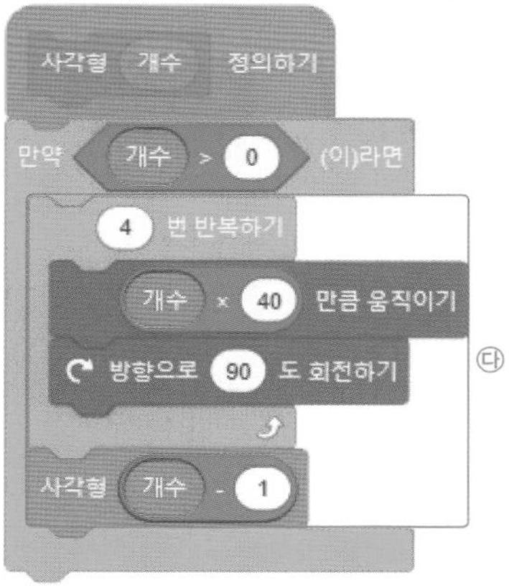

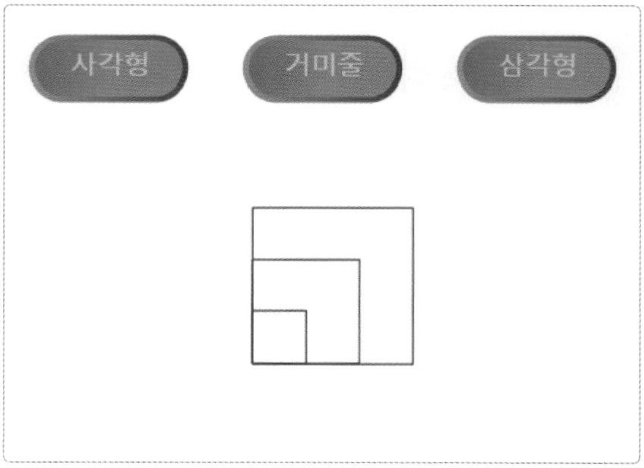

07 사각형 개수-1, 즉 사각형 0 호출을 합니다. 0이 전달되어 D의 '개수'에 0이 저장됩니다.

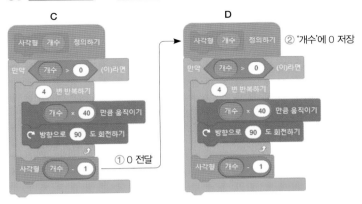

08 D의 '개수'가 0이므로 만약 ◇ (이)라면의 '개수' 〉 0이 거짓이 되어 ㉣를 실행하지 않고 종료합니다. '개수'가 0이 되면 더 이상 재귀 호출을 하지 않고 종료하게 됩니다.

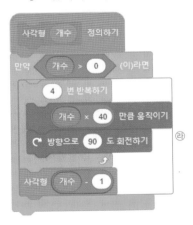

거미줄 블록 정의하기

재귀를 이용해서 다음과 같은 거미줄을 그리는 '거미줄' 블록을 정의해보겠습니다.

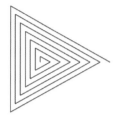

01 [나만의 블록] 카테고리의 [블록 만들기] 버튼을 클릭하여 입력 값이 '개수'와 '길이'인 '거미줄' 블록을 만듭니다.

02 [제어] 카테고리의 `만약 ◇(이)라면` 블록을 연결하고, `● > ●` 블록을 ◇으로 넣습니다. > 왼쪽에 `개수`를 끌어다가 넣고 > 오른쪽에 0을 입력합니다.

03 `만약 ◇(이)라면` 안에 [동작] 카테고리의 `길이 만큼 움직이기` 블록과 `↻ 방향으로 120도 회전하기` 블록을 넣습니다. '개수' 값이 0보다 크면 '길이' 값만큼 움직이고 시계 방향으로 120도 회전합니다.

04 [나만의 블록] 카테고리의 `거미줄 ● ●` 블록을 연결합니다.

거미줄 블록 정의가 완성되지는 않았지만 어떻게 동작해야 하는지 먼저 살펴보겠습니다.

01 `거미줄 5 50` 호출을 하면 길이 50인 선이 그려지고 시계 방향으로 120도 회전합니다.

02 `거미줄 4 60` 재귀 호출을 하여 길이 60인 선이 그려지고 시계 방향으로 120도 회전합니다.

03 `거미줄 3 70` 재귀 호출을 하여 길이 70인 선이 그려지고 시계 방향으로 120도 회전합니다.

04 `거미줄 2 80` 재귀 호출을 하여 길이 80인 선이 그려지고 시계 방향으로 120도 회전합니다.

05 `거미줄 1 90` 재귀 호출을 하여 길이 90인 선이 그려지고 시계 방향으로 120도 회전합니다.

`거미줄 0 100` 재귀 호출을 하는데 개수가 0이므로 더 이상 선을 그리거나 재귀 호출을 하지 않고 종료합니다. 결국 `거미줄 5 50`은 길이가 50으로 시작해서 10만큼 길어지면서 5개의 선으로 된 거미줄을 그립니다.

05 `도전 문제 15-1` 거미줄 블록 정의를 완성하려고 합니다. 그렇다면 (1)과 (2)에 어떤 내용이 들어가야 하는지 생각해보고 채우기 바랍니다. [정답 및 풀이 400쪽]

Step 6. 거미줄 그리기

'거미줄그리기' 신호를 받으면 거미줄 블록을 호출하여 거미줄을 그려보겠습니다.

 **01** [이벤트] 카테고리의 <kbd>거미줄그리기▼ 신호를 받았을 때</kbd> 블록을 가져 오고, [동작] 카테고리의 <kbd>x:0 y:-50(으)로 이동하기</kbd> 블록과 <kbd>0도 방향 보기</kbd> 블록을 연결합니다. '펜' 스프라이트가 (0, -50) 좌표에서 위쪽 방 향을 향하게 됩니다.

 **02** [펜] 카테고리의 <kbd>모두 지우기</kbd> 블록, [형태] 카테고리의 <kbd>보이기</kbd> 블 록, [펜] 카테고리의 <kbd>펜 내리기</kbd> 블록을 연결합니다.

03 [나만의 블록] 카테고리의 <kbd>거미줄 20 10</kbd> 블록을 연결합니다. 길이가 10으로 시작해서 10만 큼 길어지면서 20개의 선으로 된 거미줄이 그려집니다.

 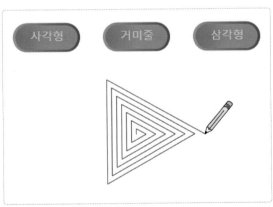

04 [펜] 카테고리의 펜 올리기 블록, [형태] 카테고리의 숨기기 블록을 연결합니다.

삼각형 블록 정의하기

재귀를 이용해서 다음과 같은 모양의 삼각형들을 그리는 삼각형 블록을 정의해보겠습니다.

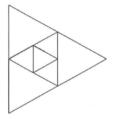

01 [나만의 블록] 카테고리의 [블록 만들기] 버튼을 클릭하여 입력 값이 '개수'와 '길이'인 '삼각형' 블록을 만듭니다.

02 [제어] 카테고리의 만약 ◇(이)라면 블록을 연결하고, ● > ● 블록을 ◇으로 넣습니다. > 왼쪽에 개수를 끌어다가 놓고, > 오른쪽에 0을 입력합니다.

03 만약 ⬦ (이)라면 안에 [제어] 카테고리의 3번 반복하기 블록을 넣습니다. [동작] 카테고리의 길이 만큼 움직이기 블록과 ↻ 방향으로 120도 회전하기 블록을 3번 반복하기 안에 넣습니다. 한 변의 길이가 '길이'인 정삼각형이 그려집니다.

04 [동작] 카테고리의 길이÷2 만큼 움직이기 블록과 ↻ 방향으로 60도 회전하기 블록을 연결합니다. 그려진 정삼각형의 한 변 가운데로 이동해서 시계 방향으로 60도 회전합니다.

05 [나만의 블록] 카테고리의 삼각형 ● ● 블록을 연결합니다.

삼각형 블록 정의가 완성되지는 않았지만 어떻게 동작해야 하는지 먼저 살펴보겠습니다.

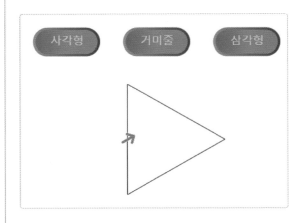

01 `삼각형 3 200` 호출을 하면 한 변의 길이가 200인 정삼각형이 그려지고 한 변의 가운데로 이동해서 시계 방향으로 60도 회전합니다.

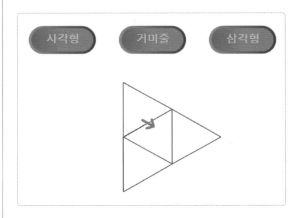

02 `삼각형 2 100` 재귀 호출을 하여 한 변의 길이가 100인 정삼각형이 그려지고 한 변의 가운데로 이동해서 시계 방향으로 60도 회전합니다.

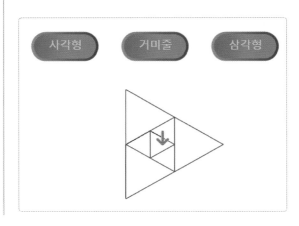

03 `삼각형 1 50` 재귀 호출을 하여 한 변의 길이가 50인 정삼각형이 그려지고 한 변의 가운데로 이동해서 시계 방향으로 60도 회전합니다.

04 삼각형 0 25 재귀 호출을 하는데 개수가 0이므로 더 이상 삼각형을 그리거나 재귀 호출을 하지 않고 종료합니다. 결국 삼각형 3 200 은 한 변의 길이가 200인 정삼각형으로 시작해서 한 변의 길이가 1/2로 짧아지는 정삼각형을 3개 그립니다.

06 도전 문제 15-2 삼각형 블록 정의를 완성하려고 합니다. 그렇다면 (3)과 (4)에 어떤 내용이 들어가야 하는지 생각해보고 채우기 바랍니다. [정답 및 풀이 400쪽]

Step 8. 삼각형 그리기

'삼각형그리기' 신호를 받으면 삼각형 블록을 호출하여 삼각형들을 그려보겠습니다.

01 [이벤트] 카테고리의 삼각형그리기 ▼ 신호를 받았을 때 블록을 가져오고, [동작] 카테고리의 x:-50 y:-150(으)로 이동하기 블록과 0도 방향 보기 블록을 연결합니다. '펜' 스프라이트가 (−50, −150) 좌표에서 위쪽 방향을 향하게 됩니다.

02 [펜] 카테고리의 모두 지우기 블록, [형태] 카테고리의 보이기 블록, [펜] 카테고리의 펜 내리기 블록을 연결합니다.

03 [나만의 블록] 카테고리의 삼각형 3 200 블록을 연결합니다. 한 변의 길이가 200인 정삼각형으로 시작해서 한 변의 길이가 1/2로 짧아지는 정삼각형이 3개 그려집니다.

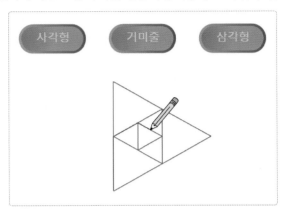

04 [펜] 카테고리의 펜 올리기 블록, [형태] 카테고리의 숨기기 블록을 연결합니다.

Step 9. 검토하기

프로젝트가 완성되면 실행시켜 제대로 동작하는지 확인해봅니다. 만약 실행이 되지 않거나 실행 결과가 처음 의도했던 것과 다른 부분이 있으면 확인하여 수정합니다. 추가적으로 궁금한 내용은 이 책 카페의 '재귀 블록으로 도형 그리기(LESSON 15)' 게시글의 댓글로 질문하시기 바랍니다.

전체 코드 작성하기

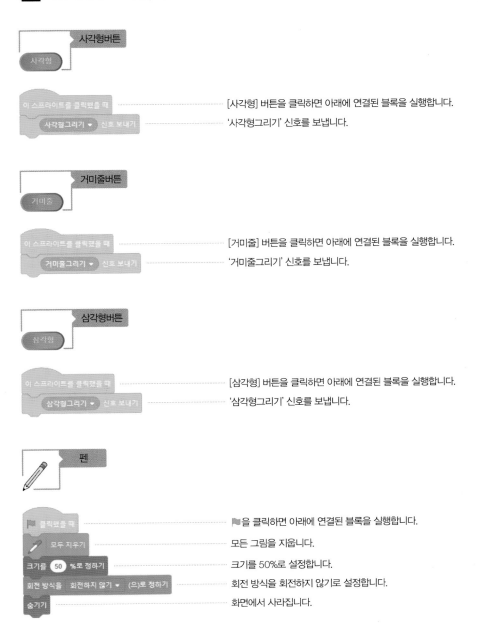

사각형버튼

사각형

이 스프라이트를 클릭했을 때 ⸻⸻⸻ [사각형] 버튼을 클릭하면 아래에 연결된 블록을 실행합니다.

사각형그리기 ▼ 신호 보내기 ⸻⸻⸻ '사각형그리기' 신호를 보냅니다.

거미줄버튼

거미줄

이 스프라이트를 클릭했을 때 ⸻⸻⸻ [거미줄] 버튼을 클릭하면 아래에 연결된 블록을 실행합니다.

거미줄그리기 ▼ 신호 보내기 ⸻⸻⸻ '거미줄그리기' 신호를 보냅니다.

삼각형버튼

삼각형

이 스프라이트를 클릭했을 때 ⸻⸻⸻ [삼각형] 버튼을 클릭하면 아래에 연결된 블록을 실행합니다.

삼각형그리기 ▼ 신호 보내기 ⸻⸻⸻ '삼각형그리기' 신호를 보냅니다.

펜

클릭했을 때 ⸻⸻⸻ ▶을 클릭하면 아래에 연결된 블록을 실행합니다.

모두 지우기 ⸻⸻⸻ 모든 그림을 지웁니다.

크기를 50 %로 정하기 ⸻⸻⸻ 크기를 50%로 설정합니다.

회전 방식을 회전하지 않기 ▼ (으)로 정하기 ⸻⸻⸻ 회전 방식을 회전하지 않기로 설정합니다.

숨기기 ⸻⸻⸻ 화면에서 사라집니다.

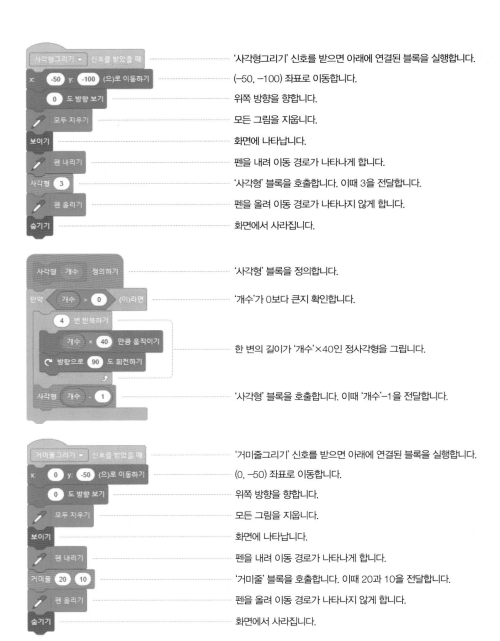

'사각형그리기' 신호를 받으면 아래에 연결된 블록을 실행합니다.

(−50, −100) 좌표로 이동합니다.

위쪽 방향을 향합니다.

모든 그림을 지웁니다.

화면에 나타납니다.

펜을 내려 이동 경로가 나타나게 합니다.

'사각형' 블록을 호출합니다. 이때 3을 전달합니다.

펜을 올려 이동 경로가 나타나지 않게 합니다.

화면에서 사라집니다.

'사각형' 블록을 정의합니다.

'개수'가 0보다 큰지 확인합니다.

한 변의 길이가 '개수'×40인 정사각형을 그립니다.

'사각형' 블록을 호출합니다. 이때 '개수'−1을 전달합니다.

'거미줄그리기' 신호를 받으면 아래에 연결된 블록을 실행합니다.

(0, −50) 좌표로 이동합니다.

위쪽 방향을 향합니다.

모든 그림을 지웁니다.

화면에 나타납니다.

펜을 내려 이동 경로가 나타나게 합니다.

'거미줄' 블록을 호출합니다. 이때 20과 10을 전달합니다.

펜을 올려 이동 경로가 나타나지 않게 합니다.

화면에서 사라집니다.

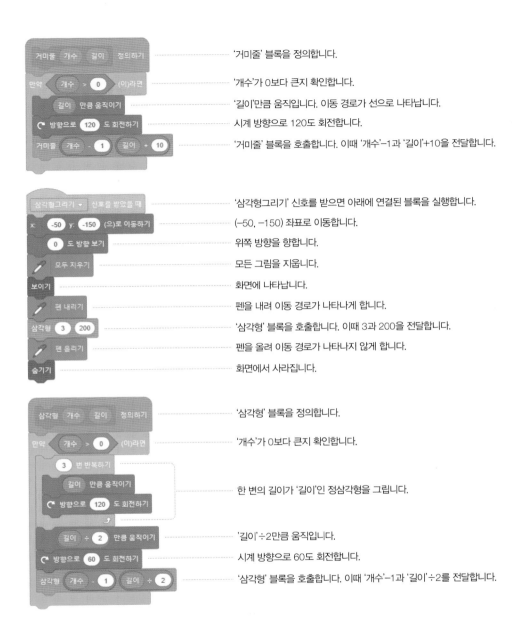

'거미줄' 블록을 정의합니다.

'개수'가 0보다 큰지 확인합니다.

'길이'만큼 움직입니다. 이동 경로가 선으로 나타납니다.

시계 방향으로 120도 회전합니다.

'거미줄' 블록을 호출합니다. 이때 '개수'-1과 '길이'+10을 전달합니다.

'삼각형그리기' 신호를 받으면 아래에 연결된 블록을 실행합니다.

(-50, -150) 좌표로 이동합니다.

위쪽 방향을 향합니다.

모든 그림을 지웁니다.

화면에 나타납니다.

펜을 내려 이동 경로가 나타나게 합니다.

'삼각형' 블록을 호출합니다. 이때 3과 200을 전달합니다.

펜을 올려 이동 경로가 나타나지 않게 합니다.

화면에서 사라집니다.

'삼각형' 블록을 정의합니다.

'개수'가 0보다 큰지 확인합니다.

한 변의 길이가 '길이'인 정삼각형을 그립니다.

'길이'÷2만큼 움직입니다.

시계 방향으로 60도 회전합니다.

'삼각형' 블록을 호출합니다. 이때 '개수'-1과 '길이'÷2를 전달합니다.

응용 문제 15-1

재귀 블록을 이용해서 자유 주제의 도형을 그리는 프로젝트를 만들어서 이 책의 홈페이지에 자랑해보세요.

LESSON 16

시어핀스키 삼각형 그리기

👉 이 장에서 배울 핵심 포인트

• 재귀를 이용해서 시어핀스키 삼각형 그리는 방법을 이해합니다.

그림으로 미리보기

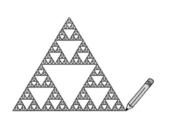

시어핀스키 삼각형을 그립니다.

 **Play** 〉 **프로젝트 실행하기**

준비 인터넷 주소창에 https://scratch.mit.edu/projects/276709428/를 입력한 후 [Enter]를 눌러 접속하세요.

'정다각형 그리기' 프로젝트를 실행해봅시다.

01 무대 왼쪽 위의 🏳을 클릭하면 삼각형 안에 작은 삼각형이 반복적으로 들어 있는 도형을 그립니다. 이런 도형을 시어핀스키 삼각형이라 합니다.

 **Training** 〉 **개념 이해하기**

✔ 시어핀스키 삼각형

시어핀스키 삼각형은 1917년 폴란드 수학자인 시어핀스키가 고안한 도형으로 다음 과정을 반복하면 만들어집니다.

01 정삼각형 하나에서 시작합니다.

02 정삼각형 세 변의 가운데 점을 연결하여 작은 삼각형을 만듭니다. 그리고 이 작은 정삼각형을 제거합니다.

03 남은 정삼각형에 대해 2를 실행합니다.

[출처: 위키백과]

✅ 프랙털

프랙털은 일부 작은 구조가 전체 구조와 비슷한 형태로 되풀이 되는 도형 구조를 말합니다. 대표적인 프랙털 도형으로 시어핀스키 삼각형, 망델브로 집합, 코흐 눈송이 등이 있습니다.

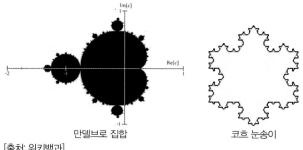

만델브로 집합   코흐 눈송이

[출처: 위키백과]

자연 환경에서도 손쉽게 프랙털 구조를 찾을 수 있는데 구름, 번개, 고사리, 나뭇가지, 해안선 등이 있습니다. 프랙털은 수학적 도형으로도 연구되고 있고 컴퓨터 프로그램을 이용해서 재귀적인 방법에 의해 만들어집니다.

 프로젝트 작성하기

Step 1. 초기 환경 설정하기

그림 그릴 초기 환경을 설정해보겠습니다.

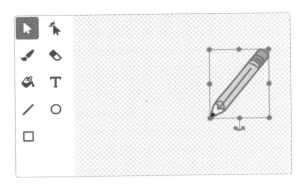

01 스크래치 웹사이트에서 [만들기]를 클릭하고 기본적으로 나오는 '스프라이트 1'을 삭제합니다. [스프라이트 고르기] 버튼 ⊙을 클릭하여 'Pencil'을 가져와서 이름을 '펜'으로 변경합니다. '펜' 스프라이트의 [모양] 탭을 클릭합니다. [선택] 도구 ▶를 클릭하고 펜 이미지를 드래그하여 펜 끝이 중심이 되도록 합니다.

02 [이벤트] 카테고리의 🏳 클릭했을 때 블록을 가져옵니다. [형태] 카테고리의 크기를 50%로 정하기 블록, [동작] 카테고리의 회전 방식을 회전하지 않기▼(으)로 정하기 블록을 연결합니다.

03 [동작] 카테고리의 x: 100 y: −100(으)로 이동하기 블록을 연결하고 −90도 방향 보기 블록을 연결합니다. (100, −100) 좌표에서 왼쪽 방향을 향하게 됩니다.

04 화면 왼쪽 아래에 위치한 [확장 기능 추가하기] 버튼 🔳을 클릭하고, [확장 기능 고르기] 창에서 '펜'을 클릭합니다.

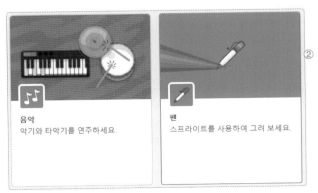

05 [펜] 카테고리의 모두 지우기와 펜 내리기 블록을 연결합니다.

Step 2. **시어핀스키 삼각형 블록 정의하기**

재귀를 이용해서 시어핀스키 삼각형을 그리는 시어핀스키 삼각형 블록을 정의해보겠습니다.

01 [나만의 블록] 카테고리의 [블록 만들기] 버튼을 클릭합니다.

02 [블록 만들기] 창이 열리면 '블록 이름' 위치에 '시어핀스키삼각형'을 입력합니다. '입력값 추가하기'를 클릭해서 'number or text' 위치에 '길이'를 입력합니다.

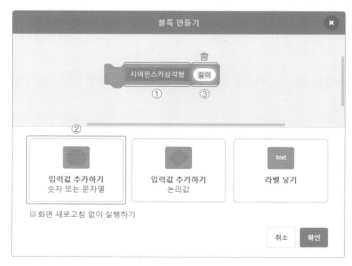

03 [확인] 버튼을 클릭하면 스크립트 영역에 시어핀스키삼각형 길이 정의하기 블록이 만들어집니다.

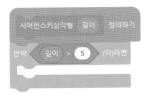

04 [제어] 카테고리의 만약 ◇ (이)라면 블록을 연결하고, [연산] 카테고리의 ● > ● 블록을 ◇ 으로 넣습니다. > 왼쪽에 길이 를 끌어다가 넣고, > 오른쪽에 5를 입력합니다.

05 [제어] 카테고리의 3번 반복하기 블록을 만약 ◇ (이)라면 안에 넣습니다.

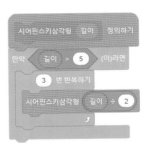

06 [나만의 블록] 카테고리의 시어핀스키삼각형 ● 블록을 3번 반복하기 블록 안에 넣습니다. [연산] 카테고리의 ● ÷ ● 블록을 시어핀스키삼각형 ● 의 ○에 넣고, ÷ 왼쪽에 길이 를 넣고 오른쪽에 2를 넣습니다. 재귀 호출에 해당되며 '길이'가 5보다 큰 경우에만 재귀 호출을 하고, '길이'가 5보다 크지 않으면 재귀 호출을 하지 않습니다.

07 [동작] 카테고리의 길이 만큼 움직이기 블록과 ↻ 방향으로 120도 회전하기 블록을 연결합니다.

시어핀스키 삼각형 그리기

정의한 시어핀스키 삼각형 블록을 호출하여 시어핀스키 삼각형을 그려보겠습니다.

01 [나만의 블록] 카테고리의 `시어핀스키삼각형 200` 블록을 `클릭했을 때` 스크립트에 연결합니다.

02 [펜] 카테고리의 `펜 올리기` 블록을 연결합니다.

시어핀스키 삼각형이 어떻게 그려지는지 단계별로 살펴보겠습니다. '시어핀스키삼각형' 블록의 만약 ◇ (이)라면 의 ◇를 '길이 〉 5'로 하면 단계가 너무 복잡하므로 '길이 〉 50'으로 변경해서 살펴보겠습니다.

01 스프라이트가 왼쪽 방향을 향한 상태에서 시어핀스키삼각형 200 을 호출합니다. 이때 200이 전달되어 A의 '길이'에 200이 저장됩니다.

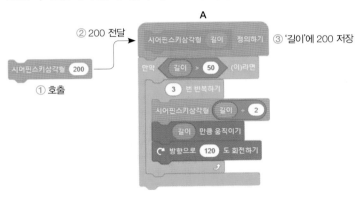

02 A의 '길이'가 200이므로 '길이' 〉 50이 참이 되어 ㉮를 실행합니다. 시어핀스키삼각형 길이÷2 , 즉 시어핀스키삼각형 100 을 호출합니다. 100이 전달되어 B의 '길이'에 저장됩니다.

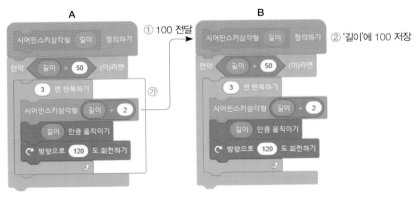

03 B의 '길이'가 100이므로 '길이' 〉 50이 참이 되어 ㉯를 실행합니다. 시어핀스키삼각형 길이÷2, 즉 시어핀스키삼각형 50 을 호출합니다. 50이 전달되어 C의 '길이'에 저장됩니다.

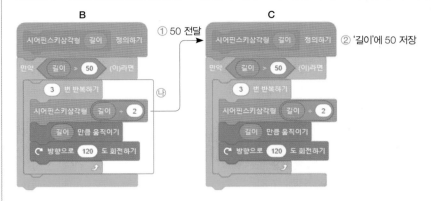

04 C의 '길이'가 50이므로 '길이' 〉 50이 거짓이 되어 ㉰를 실행하지 않고 C 실행을 종료합니다. C를 종료하면 C를 호출한 곳으로 이동합니다.

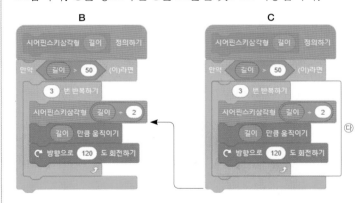

05 ㉣가 실행되어 '길이' 값인 100만큼 선을 그리고 시계 방향으로 120도 회전합니다.

06 반복해서 시어핀스키삼각형 50 을 다시 호출하는데 50이 전달되어 D의 '길이'에 저장됩니다. D의 '길이'가 50이므로 '길이' > 50이 거짓이 되어 ㉤를 실행하지 않고 D 실행을 종료합니다.

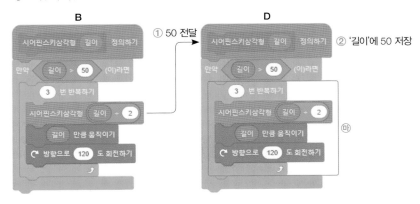

07 B로 이동하여 ㉣가 실행되어 '길이' 값인 100만큼 선을 그리고 시계 방향으로 120도 회전합니다.

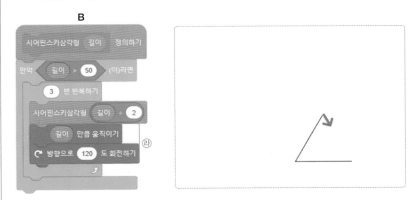

08 반복해서 시어핀스키삼각형 50 을 다시 호출하여 '시어핀스키삼각형' 블록을 실행하러 가는데 '길이' > 50이 거짓이 되어 ㉣를 실행하지 않고 E 실행을 종료합니다.

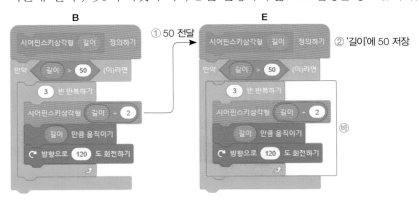

09 B로 이동하여 ㉢가 실행되어 '길이' 값인 100만큼 선을 그리고 시계 방향으로 120도 회전합니다.

10 B가 종료하게 되어 B를 호출한 곳인 A로 이동합니다.

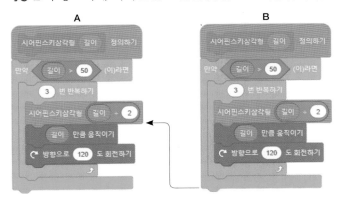

11 A의 ㉮가 실행되어 '길이' 값인 200만큼 선을 그리고 시계 방향으로 120도 회전합니다.

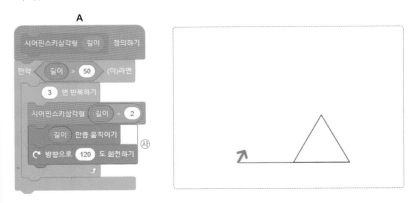

12 반복해서 시어핀스키삼각형 100 을 호출하여 100이 전달되어 F의 '길이'에 저장됩니다.

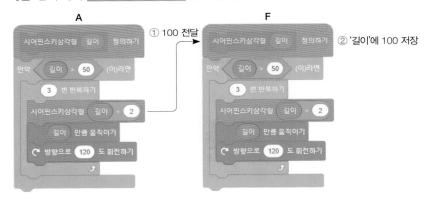

13 F의 '길이'가 100이므로 '길이' > 50이 참이 되어 ㉜를 실행합니다. 시어핀스키삼각형 50을 호출하여 50이 전달되어 G의 '길이'에 저장됩니다.

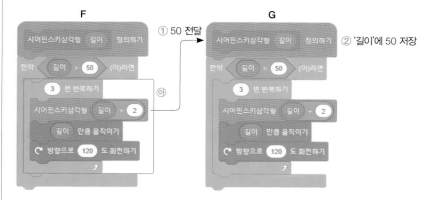

14 G의 '길이'가 50이므로 '길이' > 50이 거짓이 되어 ㉝를 실행하지 않고 G 실행을 종료합니다. G를 종료하면 G를 호출한 곳으로 이동합니다.

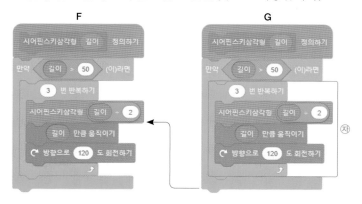

15 F로 이동하여 ㉧가 실행되어 '길이' 값인 100만큼 선을 그리고 시계 방향으로 120도 회전합니다.

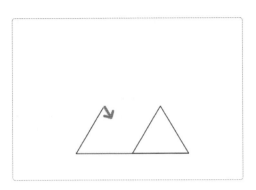

16 F에서 이런 동작을 두 번 더 반복하면 다음과 같은 도형이 그려집니다.

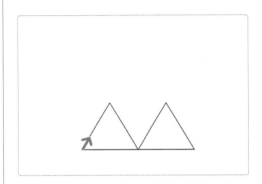

17 F를 종료하면 호출한 곳인 A로 이동합니다. ㉨가 실행되어 '길이' 값인 200만큼 선을 그리고 시계 방향으로 120도 회전합니다.

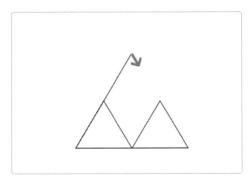

18 반복해서 <u>시어핀스키삼각형 100</u> 을 호출하여 100이 전달되어 H의 '길이'에 저장됩니다.

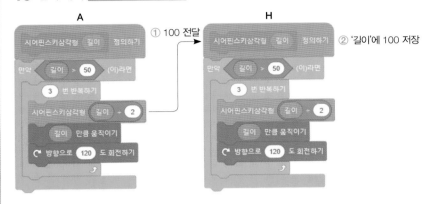

19 H에서 한 변의 길이가 100인 정삼각형을 그리고 종료합니다.

20 H를 종료하면 호출한 곳인 A로 이동합니다. ㉔가 실행되어 '길이' 값인 200만큼 선을 그리고 시계 방향으로 120도 회전합니다.

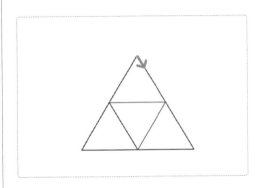

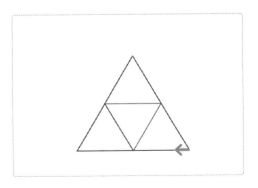

프로젝트가 완성되면 실행시켜 제대로 동작하는지 확인해봅니다. 만약 실행이 되지 않거나 실행 결과가 처음 의도했던 것과 다른 부분이 있으면 확인하여 수정합니다. 추가적으로 궁금한 내용은 이 책 카페의 '시어핀스키 삼각형 그리기(LESSON 16)' 게시글의 댓글로 질문하시기 바랍니다.

📝 전체 코드 작성하기

▶️을 클릭하면 아래에 연결된 블록을 실행합니다.

크기를 50%로 설정합니다.

회전 방식을 회전하지 않기로 설정합니다.

(100, −100) 좌표로 이동합니다.

왼쪽 방향을 향합니다.

모든 그림을 지웁니다.

펜을 내려 이동 경로가 나타나게 합니다.

'시어핀스키삼각형' 블록을 호출합니다. 이때 200을 전달합니다.

펜을 올려 이동 경로가 나타나지 않게 합니다.

'시어핀스키삼각형' 블록을 정의합니다.

'길이'가 5보다 큰지 확인합니다.

안에 연결된 블록을 3번 반복 실행합니다.

'시어핀스키삼각형' 블록을 호출합니다. 이때 '길이'÷2를 전달합니다.

'길이'만큼 움직입니다. 이동 경로가 선으로 나타납니다.

시계 방향으로 120도 회전합니다.

다음은 또 다른 프랙털 도형인 코흐 눈송이를 그리는 스크립트와 실행 결과입니다. [정답 및 풀이 400쪽]

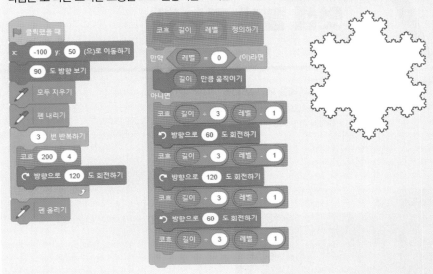

만약 다음과 같이 코흐 200 2 로 하여 호출하면 어떤 그림이 그려질지 손으로 직접 그려보세요.

17

덧셈 뺄셈 공부방

👉 이 장에서 배울 핵심 포인트

• 변수값을 교환하는 방법을 이해합니다.
• 원하는 자릿수의 난수를 생성하는 방법을 이해합니다.

그림으로 미리보기

덧셈 또는 뺄셈 연산 문제가 나옵니다.

사용자가 선택한 답이 맞았는지 틀렸는지를 말합니다.

준비 인터넷 주소창에 https://scratch.mit.edu/projects/276690658/를 입력한 후 Enter 를 눌러 접속하세요.

'덧셈 뺄셈 공부방' 프로젝트를 실행해봅시다.

01 무대 왼쪽 위의 🏴을 클릭하면 연산 종류를 선택하라는 질문을 받습니다. 덧셈 또는 뺄셈을 입력합니다.

02 연산 종류를 선택하면 문항 수를 입력하라는 질문을 받습니다.

03 문항 수를 입력하면 연산할 수의 자릿수를 입력하라는 질문을 받습니다.

04 자릿수를 입력하면 첫 번째 문제가 나옵니다. 문제에 대한 답을 입력합니다.

05 대답이 맞았는지 틀렸는지를 말합니다.

06 문항 수만큼 문제를 풀면 계속할지를 묻습니다. '예'를 입력하면 계속해서 연산 공부를 하게 되고, '아니요'를 입력하면 실행을 종료합니다.

 Training ▷ **개념 이해하기**

☑ 변수값 교환하기

'수1'과 '수2' 변수에 저장된 값을 교환하고자 합니다.

'수1' 변수에 10이, '수2' 변수에 20이 저장되어 있을 때 다음과 같이 수행하면 제대로 교환될지 잠시 생각해봅시다.

① '수1' 변수에 '수2' 변수값인 20이 저장됩니다.

    수1 `20`   수2 `20`

② '수2' 변수에 '수1' 변수값인 20이 저장됩니다.

    수1 `20`   수2 `20`

기대한 결과와 다르게 두 변수값 모두 20이 되어 제대로 교환되지 않습니다. 임시로 값을 저장할 변수인 '임시'를 이용해서 다음과 같이 수행하면 교환이 제대로 이루어집니다.

① '임시' 변수에 '수1' 변수값인 10이 저장됩니다.

수1 `10`   수2 `20`   임시 `10`

② '수1' 변수에 '수2' 변수값인 20이 저장됩니다.

수1 `20`   수2 `20`   임시 `10`

③ '수2' 변수에 '임시' 변수값인 10이 저장됩니다.

수1 `20`   수2 `10`   임시 `10`

응용 문제 17-1

'수1' 변수에 10, '수2' 변수에 20, '수3' 변수에 30이 저장되어 있을 때, '수1' 변수값을 '수2' 변수값으로, '수2' 변수값을 '수3' 변수값으로, '수3' 변수값을 '수1' 변수값으로 변경하는 프로젝트를 작성해보세요. [정답 및 풀이 400쪽]

✔️ 거듭제곱 구하기

거듭제곱이란 같은 수 또는 식을 거듭해서 곱한 것을 말합니다. 예를 들어, 2에 대한 3 거듭제곱은 $2 \times 2 \times 2$로 8이 되며 2^3으로 나타내는데 2를 밑이라 하고 3을 지수라 합니다. 읽을 때는 2의 3승이라고 합니다.

$$2^3 \quad \overset{3}{\longleftarrow} \text{지수}$$

$$2 \quad \overset{\uparrow}{\underset{\text{밑}}{}}$$

2^3을 구하는 스크립트는 다음과 같습니다.

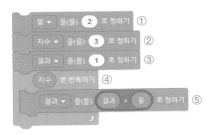

①~③ '밑' 변수에 2, '지수' 변수에 3, '결과' 변수에 1이 저장됩니다.

밑 **2**　　지수 **3**　　결과 **1**

④ 반복 구조가 실행됩니다.

⑤ '결과' 변수에 '결과'×'밑', 즉 1×2인 2가 저장됩니다.

밑 **2**　　지수 **3**　　결과 **2**

⑤ '결과' 변수에 '결과'×'밑', 즉 2×2인 4가 저장됩니다.

밑 **2**　　지수 **3**　　결과 **4**

⑤ '결과' 변수에 '결과'×'밑', 즉 4×2인 8이 저장됩니다. ④ 반복 구조가 종료됩니다. 결국 '결과' 변수에 2^3인 8이 저장됩니다.

밑 **2**　　지수 **3**　　결과 **8**

 프로젝트 작성하기

연산 종류, 문항 수, 자릿수를 입력 받겠습니다.

01 [이벤트] 카테고리의 █클릭했을 때 블록을 가져오고, [제어] 카테고리의 무한 반복하기 블록을 연결합니다.

02 [변수] 카테고리에서 '연산종류', '자릿수', '문항수', '최소', '최대', '수1', '수2', '대답', '정답', '임시' 변수를 만듭니다.

03 [감지] 카테고리의 연산 종류(덧셈 또는 뺄셈)? 라고 묻고 기다리기 블록을 무한 반복하기 안에 넣습니다. [변수] 카테고리의 연산종류▼을(를) 0로 정하기 블록을 연결하고, 0 위치에 [감지] 카테고리의 대답 블록을 넣습니다. 연산 종류를 입력 받아 '연산종류' 변수에 저장합니다.

04 문항 수를 입력 받아 '문항수' 변수에 저장하고, 연산할 두 수의 자릿수를 입력 받아 '자릿수' 변수에 저장합니다.

Step 2. **두 수의 최솟값, 최댓값 계산하기**

'자릿수' 변수값을 이용해서 연산할 두 수의 최솟값과 최댓값을 계산해보겠습니다.

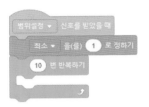

01 [이벤트] 카테고리의 `범위설정▼ 신호를 받았을 때` 블록을 가져옵니다. [변수] 카테고리의 `최소▼을(를) 1로 정하기` 블록과 [제어] 카테고리의 `10번 반복하기` 블록을 연결합니다.

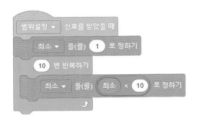

02 [변수] 카테고리의 `최소▼을(를) 0로 정하기` 블록을 `10번 반복하기` 안에 넣고, 0 위치에 '최소'×10을 넣습니다. '최소' 변수값이 10배 증가됩니다.

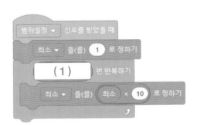

03 도전 문제 17-1 '자릿수' 변수값을 이용해서 연산할 수의 '최소' 값을 구하고자 합니다. '자릿수' 값이 1이면 '최소' 값은 1, '자릿수' 값이 2면 '최소' 값은 10, 3이면 '최소' 값은 100이 되어야 합니다. 그렇다면 (1)에 어떤 내용이 들어가야 하는지 채우기 바랍니다. [정답 및 풀이 400쪽]

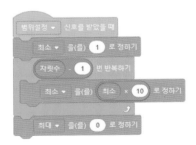

04 [변수] 카테고리의 `최대▼을(를) 0로 정하기` 블록을 연결합니다.

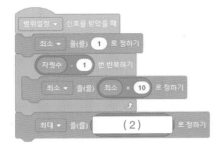

05 [도전 문제 17-2] '최소' 변수값을 이용해서 연산할 수의 '최대' 값을 구하고자 합니다. '최소' 값이 1이면 '최대' 값은 9, '최소' 값이 10이면 '최대' 값은 99, 100이면 '최대' 값은 999가 되어야 합니다. 그렇다면 (2)에 어떤 내용이 들어가야 하는지 채우기 바랍니다.

[정답 및 풀이 401쪽]

06 [이벤트] 카테고리의 범위설정▼ 신호 보내고 기다리기 블록을 연결합니다.

처음 만나는 블록

이벤트

설정한 신호를 보내고 해당 신호를 받으면 설정된 동작이 모두 실행된 후에 아래에 연결된 블록들을 실행합니다.

Step 3. **덧셈 공부하기**

덧셈 공부를 '문항수' 만큼 해보겠습니다.

01 [제어] 카테고리의 만약 ◇(이)라면 ~ 아니면 블록을 연결하고, ◇에 [연산] 카테고리의 ● = ● 블록을 넣습니다. = 왼쪽에 [변수] 카테고리의 연산종류 블록을 넣고, = 오른쪽에 '덧셈'을 입력합니다.

02 [이벤트] 카테고리의 덧셈▼ 신호 보내고 기다리기 블록을 만약 ◇(이)라면 ~ 아니면의 (이)라면 안에 넣고, 뺄셈▼ 신호 보내고 기다리기 블록을 아니면 안에 넣습니다.

03 [이벤트] 카테고리의 덧셈▼ 신호를 받았을 때 블록을 가져옵니다. [제어] 카테고리의 10번 반복하기 블록을 연결하고, 10 위치에 [변수] 카테고리의 문항수 블록을 넣습니다. '문항수' 변수값만큼 반복하게 됩니다.

04 [변수] 카테고리의 수1▼을(를) 0로 정하기 블록을 문항수번 반복하기 안에 넣습니다. 0 위치에 [연산] 카테고리의 1부터 10사이의 난수 블록을 넣고, 1 위치에 [변수] 카테고리의 최소 블록을 넣고, 10위치에 최대 블록을 넣습니다. 이 블록을 복사해서 연결하고 '수1'을 '수2'로 변경합니다. '수1' 변수와 '수2' 변수에 '최소' 변수값부터 '최대' 변수값 중 난수가 저장됩니다.

05 [감지] 카테고리의 What's your name?라고 묻고 기다리기 블록을 연결하고, '수1' 변수, '+', '수2' 변수, '?'을 결합하여 'What's your name?' 위치에 넣습니다. '수1' 변수값+'수2' 변수값이 무엇인지 묻습니다.

06 [변수] 카테고리의 대답▼을(를) 0로 정하기 블록을 연결하고, 0 위치에 [감지] 카테고리의 대답 블록을 넣습니다. 사용자가 대답한 내용이 '대답' 변수에 저장됩니다.

07 [변수] 카테고리의 정답▼을(를) 0로 정하기 블록을 연결하고, 0 위치에 '수1'+'수2'를 넣습니다. '수1'+'수2' 연산에 대한 정답이 '정답' 변수에 저장됩니다.

08 [제어] 카테고리의 만약 ◇ (이)라면 ~ 아니면 블록을 연결하고, ◇에 [연산] 카테고리의 ● = 50 블록을 넣습니다.

09 도전 문제 17-3 사용자가 대답한 내용이 정답이 되는 조건을 만들고자 합니다. 그렇다면 (3)과 (4)에 어떤 내용이 들어가야 하는지 채우기 바랍니다. [정답 및 풀이 401쪽]

10 [형태] 카테고리의 딩동댕!을(를) 2초 동안 말하기 블록을 만약 ◇ (이)라면 ~ 아니면의 (이)라면 안에 넣고, 땡!을(를) 2초 동안 말하기 블록을 아니면 안에 넣습니다. 덧셈 문제에 대한 사용자 대답이 맞았는지 틀렸는지를 말합니다.

뺄셈 공부하기

뺄셈 공부를 '문항수' 만큼 해보겠습니다.

01 뺄셈 연산은 덧셈 연산과 거의 유사하므로 `덧셈▼ 신호를 받았을 때` 스크립트를 복사합니다.
그리고 '덧셈'을 '뺄셈'으로, '+'를 '-'로 변경합니다.

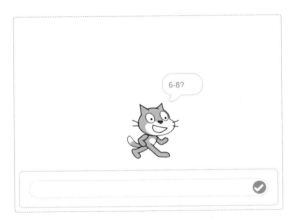

02 실행시켜보면 '수2'가 '수1'보다 큰
경우가 생깁니다. 항상 '수1'이 '수2'보다
크거나 같게 해보겠습니다.

03 [제어] 카테고리의 만약 ◇ (이)라면 블록을 연결하고, [연산] 카테고리의 ● > ● 블록을 ◇ 으로 넣습니다. 〉 왼쪽에 [변수] 카테고리의 수2 블록을 넣고, 〉 오른쪽에 수1 블록을 넣습니다.

04 도전문제 17-4 '수1'이 '수2'보다 크거나 같게 하려고 합니다. '수2'가 '수1'보다 큰 경우 두 수를 교환하면 됩니다. 그렇다면 (5) ~ (7)에 어떤 내용이 들어가야 하는지 채우기 바랍니다.

[정답 및 풀이 401쪽]

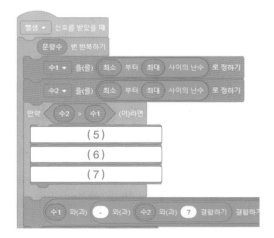

계속 여부 확인하기

연산을 종료할지 반복할지를 결정하도록 해보겠습니다.

01 [감지] 카테고리의 `계속하겠습니까(예 또는 아니요)?라고` `묻고 기다리기` 블록을 연결합니다.

02 [제어] 카테고리의 `만약 ◇ (이)라면` 블록을 연결하고, [연산] 카테고리의 `● = ●` 블록을 ◇으로 넣습니다. = 왼쪽에 [감지] 카테고리의 `대답` 블록을 넣고, = 오른쪽에 '아니요'를 입력합니다.

03 [제어] 카테고리의 멈추기 모두▼ 블록을 만약 ◇ (이)라면 안에 넣습니다. 사용자가 대답한 내용이 '아니요'면 모든 실행을 종료하고, 그렇지 않으면 다음 반복을 수행해서 다시 연산 공부를 하게 됩니다.

Step 6. 배경 넣기

배경을 넣어보겠습니다.

오른쪽 아래에 위치한 [배경 고르기] 아이콘 ☑을 클릭하여 'Room 1'을 선택합니다.

검토하기

프로젝트가 완성되면 실행시켜 제대로 동작하는지 확인해 봅니다. 만약 실행이 되지 않거나 실행 결과가 처음 의도했던 것과 다른 부분이 있으면 확인하여 수정합니다. 추가적으로 궁금한 내용은 이 책 카페의 '덧셈 뺄셈 공부방(LESSON 17)' 게시글의 댓글로 질문하시기 바랍니다.

📋 전체 코드 작성하기

 고양이

🚩 클릭했을 때	🚩을 클릭하면 아래에 연결된 블록을 실행합니다.
무한 반복하기	안에 연결된 블록을 무한 반복 실행합니다.
연산 종류(덧셈 또는 뺄셈)? 라고 묻고 기다리기	연산 종류를 묻습니다.
연산종류 ▼ 을(를) 대답 로 정하기	사용자 대답을 '연산종류' 변수에 저장합니다.
문항수? 라고 묻고 기다리기	문항 수를 묻습니다.
문항수 ▼ 을(를) 대답 로 정하기	사용자 대답을 '문항수' 변수에 저장합니다.
자릿수? 라고 묻고 기다리기	자릿수를 묻습니다.
자릿수 ▼ 을(를) 대답 로 정하기	사용자 대답을 '자릿수' 변수에 저장합니다.
범위설정 ▼ 신호 보내고 기다리기	'범위설정' 메시지를 방송하고 기다립니다.
만약 연산종류 = 덧셈 (이)라면	'연산종류' 변수값이 덧셈이면 '덧셈' 신호를 보내고 기다립니다.
덧셈 ▼ 신호 보내고 기다리기	
아니면	'연산종류' 변수값이 덧셈이 아니면 '뺄셈' 신호를 보내고 기다립니다.
뺄셈 ▼ 신호 보내고 기다리기	
계속하겠습니까(예 또는 아니요)? 라고 묻고 기다리기	계속할지 묻습니다.
만약 대답 = 아니요 (이)라면	사용자 대답이 아니요이면 실행을 멈춥니다.
멈추기 모두 ▼	

'범위설정' 신호를 받으면 아래에 연결된 블록을 실행합니다.

'최소' 변수에 1을 저장합니다.

안에 연결된 블록을 '자릿수'−1번 반복 실행합니다.

'최소' 변수에 '최소'×10을 저장합니다.

'최대' 변수에 ('최소'×10)−1을 저장합니다.

'덧셈' 신호를 받으면 아래에 연결된 블록을 실행합니다.

안에 연결된 블록을 '문항수' 변수값만큼 반복 실행합니다.

'수1' 변수에 '최소'~'최대' 중 난수를 저장합니다.

'수2' 변수에 '최소'~'최대' 중 난수를 저장합니다.

덧셈 문제를 제시합니다.

사용자 대답을 '최소' 변수에 저장합니다.

덧셈 연산의 정답을 '정답' 변수에 저장합니다.

'대답'과 '정답'이 같으면 맞았다는 말을 합니다.

'대답'과 '정답'이 같지 않으면 틀렸다는 말을 합니다.

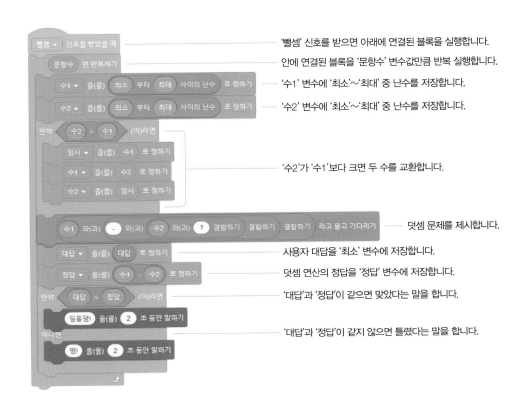

'뺄셈' 신호를 받으면 아래에 연결된 블록을 실행합니다.

안에 연결된 블록을 '문항수' 변수값만큼 반복 실행합니다.

'수1' 변수에 '최소'~'최대' 중 난수를 저장합니다.

'수2' 변수에 '최소'~'최대' 중 난수를 저장합니다.

'수2'가 '수1'보다 크면 두 수를 교환합니다.

덧셈 문제를 제시합니다.

사용자 대답을 '최소' 변수에 저장합니다.

덧셈 연산의 정답을 '정답' 변수에 저장합니다.

'대답'과 '정답'이 같으면 맞았다는 말을 합니다.

'대답'과 '정답'이 같지 않으면 틀렸다는 말을 합니다.

응용 문제 17-2

연산이 종료되면 전체 몇 문제 중 몇 문제 맞췄는지 말하는 기능을 추가하세요. [정답 및 풀이 401쪽]

LESSON
18

행운의 복불복

👉 이 장에서 배울 핵심 포인트

• 리스트 항목 추가, 삭제, 탐색 등을 이해합니다.

그림으로 미리보기

항목을 추가합니다.

항목을 무작위로 선택합니다.

전체 항목을 확인합니다.

 **Play** 〉 **프로젝트 실행하기**

준비 인터넷 주소창에 https://scratch.mit.edu/projects/277798673/를 입력한 후 [Enter]를 눌러 접속하세요.

'행운의 복불복' 프로젝트를 실행해봅시다.

01 무대 왼쪽 위의 🏳️을 클릭하면 프로젝트가 실행됩니다.

02 [항목추가] 버튼을 클릭하여 항목을 입력합니다. '청소하기', '책 읽기', '엉덩이로 이름쓰기'를 입력합니다.

03 [항목보기] 버튼을 클릭하면 전체 항목을 확인할 수 있습니다.

04 [항목추첨] 버튼을 클릭하면 전체 항목 중 하나의 항목이 선택됩니다. 무작위로 선택되기 때문에 어떤 항목이 선택될지 알 수 없습니다.

05 [항목삭제] 버튼을 클릭하고 삭제할 항목을 입력하면 해당 항목이 삭제됩니다.

06 [초기화] 버튼을 클릭하면 모든 항목이 삭제됩니다.

 **개념 이해하기**

✔ 리스트

학생이 100명인 학교에서 학생 이름과 성적을 컴퓨터 프로그램으로 관리한다고 할 때 학생 이름을 저장할 변수 100개와 성적을 저장할 변수 100개가 필요합니다.

이름1 [현경]   이름2 [동건]   ⋯ 이름100   [동환]

성적1 [100]   성적2 [98]   ⋯ 성적100   [98]

만약 이름, 성적 정보만이 아니라 생년월일, 주소, 연락처, 학년, 반, 번호 등의 정보까지 관리한다면 훨씬 더 많은 변수가 필요할 겁니다.

이렇게 많은 변수를 사용하면 복잡해지므로 스크래치에서는 일반적으로 리스트를 이용합니다. 리스트는 여러 개의 데이터를 저장하는 공간이라고 생각하면 됩니다. 물론 변수에도 이름이 있듯이 리스트에도 이름이 있어야 합니다.

변수를 사용해서 100개의 이름을 저장하려면 100개의 변수를 만들어야 하지만, 리스트를 사용하면 한 개의 리스트를 만들어서 100개의 이름을 모두 저장할 수 있습니다.

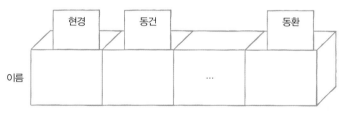

리스트를 사용하려면 먼저 만들어야 합니다. [변수] 카테고리의 [리스트 만들기] 버튼을 클릭하고, [새로운 리스트] 창에서 만들고자 하는 리스트 이름을 입력합니다. [확인] 버튼을 클릭하면 리스트가 만들어집니다.

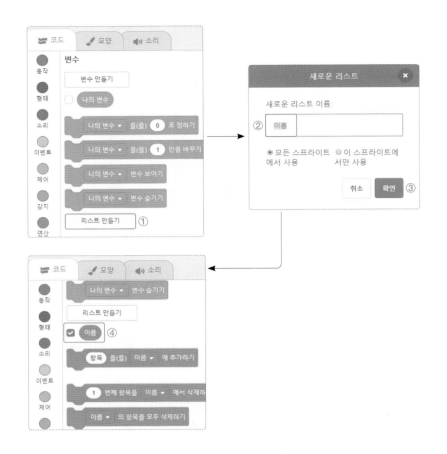

처음 만나는 블록

항목 을(를) list ▾ 에 추가하기	설정한 리스트에 설정한 항목을 추가합니다.
1 번째 항목을 list ▾ 에서 삭제하기	설정한 리스트에서 설정한 위치의 항목을 삭제합니다.
list ▾ 의 항목을 모두 삭제하기	설정한 리스트의 모든 항목을 삭제합니다.
1 을(를) list ▾ 리스트의 1 번째에 넣기	설정한 리스트의 설정한 위치에 설정한 항목을 추가합니다.
list ▾ 리스트의 1 번째 항목을 1 으로 바꾸기	설정한 리스트의 설정한 위치 항목을 설정한 항목으로 변경합니다.
list ▾ 리스트의 1 번째 항목	설정한 리스트에서 설정한 위치의 항목을 확인합니다.
list ▾ 리스트에서 항목 항목의 위치	설정한 리스트에서 설정한 항목의 위치를 확인합니다.
list ▾ 의 길이	설정한 리스트의 항목 개수를 확인합니다.

list ▼ 이(가) 항목 을(를) 포함하는가?	설정한 리스트에 설정한 항목이 포함되어 있는지를 확인합니다.
list ▼ 리스트 보이기	설정한 리스트를 무대에 보이게 합니다.
list ▼ 리스트 숨기기	설정한 리스트를 무대에 보이지 않게 합니다.

미니 실습

✔ '메뉴' 리스트에 중식당 메뉴 4개를 저장하고 메뉴 하나를 무작위로 선택해서 말합니다. 프로젝트 실행 후에 리스트에 저장된 항목이 자동적으로 지워지지 않으므로 시작할 때 리스트의 모든 항목을 삭제해야 합니다.

✔ 사용자가 대답한 이름 3개를 '이름' 리스트에 저장하고, '이름' 리스트에 저장된 이름을 하나씩 말합니다.

Step 1. 버튼, 변수, 리스트 만들기

프로젝트에 필요한 버튼, 변수, 리스트를 만들어보겠습니다.

01 스크래치 웹사이트에서 [만들기]를 클릭하고 기본적으로 나오는 '스프라이트 1'의 이름을 '고양이'로 변경합니다. [스프라이트 고르기] 버튼 ⬤을 클릭하여 [스프라이트 고르기] 창에서 'Button2'를 5개 가져와서 각 버튼에 '항목추가', '항목추첨', '항목보기', '항목삭제', '초기화'를 입력하고 이름을 '추가버튼', '추첨버튼', '보기버튼', '삭제버튼', '초기화버튼'으로 변경합니다.

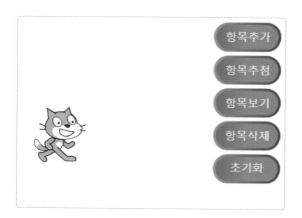

02 버튼들을 무대 오른쪽 적당한 위치로 이동시킵니다.

03 [변수] 카테고리에서 '위치' 변수와 '항목집합' 리스트를 만듭니다.

Step 2. 초기 환경 설정하기

시작할 때의 환경을 설정해보겠습니다.

01 '고양이' 스프라이트로 이동해서 [이벤트] 카테고리의 클릭했을 때 블록을 가져오고 [변수] 카테고리의 항목집합▼의 항목을 모두 삭제하기 블록을 연결합니다.

02 '추가버튼'으로 이동해서 [이벤트] 카테고리의 클릭했을 때 블록을 가져오고 [형태] 카테고리의 모양을 button2-a▼ (으)로 바꾸기 블록을 연결합니다. 을 클릭하면 파란색 버튼 모양이 됩니다.

03 '추가버튼'의 클릭했을 때 를 드래그하여 스프라이트 목록의 '추첨버튼' 스프라이트를 클릭합니다.

04 '추첨버튼' 스프라이트로 이동하면 스크립트가 복사된 것을 확인할 수 있습니다. 동일한 방법으로 '보기버튼', '삭제버튼', '초기화버튼'으로 복사합니다.

Step 3. **버튼 클릭하기**

각 버튼을 클릭하면 버튼 모양이 바뀌면서 신호가 보내지도록 해보겠습니다.

01 '추가버튼' 스프라이트로 이동해서 [이벤트] 카테고리의 이 스 프라이트를 클릭했을 때 블록을 드래그하고, [형태] 카테고리의 모양 을 button2-b▼ (으)로 바꾸기 블록을 연결합니다. [제어] 카테고리의 0.2초 기다리기 블록, [이벤트] 카테고리의 항목추가▼ 신호 보내기 블 록, [형태] 카테고리의 모양을 button2-a▼ (으)로 바꾸기 블록을 연결 합니다.

02 동일한 방법으로 '추첨버튼'에서는 '항목추첨' 신호를, '보기버튼'에서는 '항목보기' 신호를, '삭제버튼'에서는 '항목삭제' 신호를, '초기화버튼'에서는 '초기화' 신호를 보내도록 합니다.

Step 4. **항목 추가하기**

항목을 추가해봅시다.

01 '고양이' 스프라이트로 이동해서 [이벤트] 카테고리의 항목추가 ▼신호를 받았을 때 블록을 가져오고, [감지] 카테고리의 추가할 항목? 라고 묻고 기다리기 블록을 연결합니다.

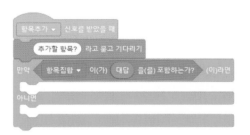

02 [제어] 카테고리의 만약 ◇ (이)라면 ~ 아니면 블록을 연결하고, ◇에 [변수] 카테고리의 항목집 합▼이(가) 항목을(를) 포함하는가? 블록을 넣습니다. 항목 위치에 [감지] 카테고리의 대답 블록을 넣습 니다.

처음 만나는 블록

변수 list ▼ 이(가) 항목 을(를) 포함하는가?   설정한 리스트에 설정한 항목이 포함되어 있는지를 확인합니다.

03 [형태] 카테고리의 다른 항목을 입력하세요을(를) 2초 동안 말하기 블록을 만약 ◇ (이)라면 ~ 아니면 의 (이)라면 안에 넣습니다. 사용자가 대답한 항목이 이미 '항목집합'에 포함되어 있으면 다른 항목을 입력하라고 말합니다.

04 [변수] 카테고리의 항목을(를) 항목집합▼에 추가하기 블록을 만약 ◇ (이)라면 ~ 아니면 의 아니면 안에 넣고, 항목 위치에 [감지] 카테고리의 대답 블록을 넣습니다. 사용자가 대답한 항목이 '항목집합'에 포함되어 있지 않으면 '항목집합' 리스트에 추가합니다.

Step 5. 항목 추첨하기

항목 한 개를 무작위로 추첨해봅시다.

01 [이벤트] 카테고리의 항목추첨▼ 신호를 받았을 때 블록을 가져오고, [제어] 카테고리의 만약 ◇ (이)라면 ~ 아니면 블록을 연결합니다.

02 [연산] 카테고리의 ● > ● 블록을 만약 ◇ (이)라면 ~ 아니면 의 ◇ 안에 넣습니다. > 왼쪽에 [변수] 카테고리의 항목집합▼의 길이 블록을 넣습니다.

처음 만나는 블록

● 변수 list ▼ 의 길이 설정한 리스트의 항목 개수를 확인합니다.

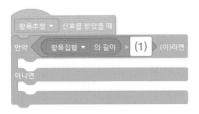

03 도전문제 18-1 '항목집합' 리스트에 항목이 있다는 조건을 만들고자 합니다. 그렇다면 (1)에 어떤 내용이 들어가야 하는지 생각해보고 채우기 바랍니다. [정답 및 풀이 401쪽]

04 [변수] 카테고리의 `위치▼을(를) 0으로 정하기` 블록을 `만약 ◇ (이)라면 ~ 아니면`의 (이)라면 안에 넣고, 0 위치에 [연산] 카테고리의 `1부터 10사이의 난수` 블록을 넣습니다. 10 위치에 [변수] 카테고리의 `항목집합▼의 길이` 블록을 넣습니다. '항목집합' 리스트에 저장된 항목이 있으면 1~'항목집합' 길이 중 난수가 '위치' 변수에 저장됩니다.

05 [형태] 카테고리의 `안녕!을(를) 2초 동안 말하기` 블록을 연결하고, 안녕! 위치에 [변수] 카테고리의 `항목집합▼리스트의 1번째 항목` 블록을 넣습니다. 1 위치에 [변수] 카테고리의 `위치` 블록을 넣습니다.

06 [형태] 카테고리의 `항목이 없습니다을(를) 2초 동안 말하기` 블록을 `만약 ◇ (이)라면 ~ 아니면` 의 아니면 안에 넣습니다. '항목집합' 리스트에 저장된 항목이 없으면 없다는 말을 합니다.

무작위로 항목을 어떻게 추첨하는지 살펴보겠습니다. 단, '항목집합' 리스트에 청소하기, 책 읽기, 엉덩어로 이름쓰기 항목이 저장되어 있다고 가정하겠습니다.

01 ① 1~3 중 2가 무작위로 선택되어 '위치' 변수에 2가 저장되었다고 가정합니다.

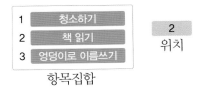

02 ② '항목집합' 리스트의 두 번째 항목인 '책 읽기'를 말합니다.

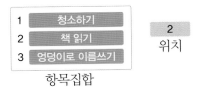

'항목집합' 리스트에 저장된 모든 항목을 출력해봅시다.

01 [이벤트] 카테고리의 항목보기▼ 신호를 받았을 때 블록을 가져오고, [제어] 카테고리의 만약 ◇ (이)라면 ~ 아니면 블록을 연결합니다.

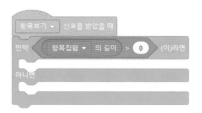

02 [연산] 카테고리의 ● > ● 블록을 만약 ◇ (이)라면 ~ 아니면의 ◇안에 넣습니다. > 왼쪽에 [변수] 카테고리의 항목집합▼의 길이 블록을 넣고, > 오른쪽에 0을 입력합니다.

03 [형태] 카테고리의 안녕!을(를) 2초 동안 말하기 블록을 만약 ◇ (이)라면 ~ 아니면의 (이)라면 안에 넣고, 안녕! 위치에 항목집합 블록을 넣습니다. 항목이 없습니다을(를) 2초 동안 말하기 블록을 만약 ◇ (이)라면 ~ 아니면의 아니면 안에 넣습니다. '항목집합' 리스트에 저장된 항목이 있으면 저장된 항목들을 말하고, 없으면 항목이 없다는 말을 합니다.

사용자가 삭제하기 원하는 항목을 삭제해봅시다.

01 [이벤트] 카테고리의 항목삭제▼ 신호를 받았을 때 블록을 가져오고, [감지] 카테고리의 삭제할 항목?라고 묻고 기다리기 블록을 연결합니다.

02 [제어] 카테고리의 `만약 ◇ (이)라면 ~ 아니면` 블록을 연결하고, ◇에 [변수] 카테고리의 `항목집합▼이(가) 항목을(를) 포함하는가?` 블록을 넣습니다. 항목 위치에 [감지] 카테고리의 `대답` 블록을 넣습니다.

03 [변수] 카테고리의 `1번째 항목을 항목집합▼에서 삭제하기` 블록을 `만약 ◇ (이)라면 ~ 아니면`의 (이)라면 안에 넣고, 1 위치에 `항목집합▼ 리스트에서 항목 항목의 위치` 블록을 넣습니다. 항목 위치에 `대답` 블록을 넣습니다. 사용자가 대답한 항목이 '항목집합' 리스트에서 삭제됩니다.

> **처음 만나는 블록**
>
> `1 번째 항목을 list ▼ 에서 삭제하기`   설정한 리스트에서 설정한 위치의 항목을 삭제합니다.

04 [형태] 카테고리의 `삭제할 항목이 없습니다을(를) 2초 동안 말하기` 블록을 `만약 ◇ (이)라면 ~ 아니면`의 아니면 안에 넣습니다. 사용자가 대답한 항목이 '항목집합' 리스트에 없으면 없다는 말을 합니다.

초기화하기

'항목집합' 리스트의 모든 항목을 삭제해봅시다.

[이벤트] 카테고리의 초기화▼ 신호를 받았을 때 블록을 가져오고, [변수] 카테고리의 항목집합▼의 항목을 모두 삭제하기 블록을 연결합니다.

Step 9. **배경 넣기**

배경을 넣어봅시다.

오른쪽 아래에 위치한 [배경 고르기] 아이콘 을 클릭하여 'Woods And Bench'를 선택합니다.

Step 10. **검토하기**

프로젝트가 완성되면 실행시켜 제대로 동작하는지 확인해 봅니다. 만약 실행이 되지 않거나 실행 결과가 처음 의도했던 것과 다른 부분이 있으면 확인하여 수정합니다. 추가적으로 궁금한 내용은 이 책 카페의 '행운의 복불복(LESSON 18)' 게시글의 댓글로 질문하시기 바랍니다.

전체 코드 작성하기

추가버튼

항목추가

▶을 클릭하면 아래에 연결된 블록을 실행합니다.

모양을 button2-a ▼ (으)로 바꾸기 ········· 모양이 'button2-a'로 바뀝니다.

이 스프라이트를 클릭했을 때 ········· [추가] 버튼을 클릭하면 아래에 연결된 블록을 실행합니다.

모양을 button2-b ▼ (으)로 바꾸기 ········· 모양이 'button2-b'로 바뀝니다.

0.2 초 기다리기 ········· 0.2초 기다립니다.

항목추가 ▼ 신호 보내기 ········· '항목추가' 신호를 보냅니다.

모양을 button2-a ▼ (으)로 바꾸기 ········· 모양이 'button2-a'로 바뀝니다.

추첨버튼

항목추첨

이 스프라이트를 클릭했을 때 ········· [추첨] 버튼을 클릭하면 아래에 연결된 블록을 실행합니다.

모양을 button2-b ▼ (으)로 바꾸기 ········· 모양이 'button2-b'로 바뀝니다.

0.2 초 기다리기 ········· 0.2초 기다립니다.

항목추첨 ▼ 신호 보내기 ········· '항목추첨' 신호를 보냅니다.

모양을 button2-a ▼ (으)로 바꾸기 ········· 모양이 'button2-a'로 바뀝니다.

보기버튼

항목보기

이 스프라이트를 클릭했을 때 ········· [보기] 버튼을 클릭하면 아래에 연결된 블록을 실행합니다.

모양을 button2-b ▼ (으)로 바꾸기 ········· 모양이 'button2-b'로 바뀝니다.

0.2 초 기다리기 ········· 0.2초 기다립니다.

항목보기 ▼ 신호 보내기 ········· '항목보기' 신호를 보냅니다.

모양을 button2-a ▼ (으)로 바꾸기 ········· 모양이 'button2-a'로 바뀝니다.

삭제버튼

항목삭제

이 스프라이트를 클릭했을 때	[삭제] 버튼을 클릭하면 아래에 연결된 블록을 실행합니다.
모양을 button2-b ▼ (으)로 바꾸기	모양이 'button2-b'로 바뀝니다.
0.2 초 기다리기	0.2초 기다립니다.
항목삭제 ▼ 신호 보내기	'항목삭제' 신호를 보냅니다.
모양을 button2-a ▼ (으)로 바꾸기	모양이 'button2-a'로 바뀝니다.

초기화버튼

초기화

이 스프라이트를 클릭했을 때	[초기화] 버튼을 클릭하면 아래에 연결된 블록을 실행합니다.
모양을 button2-b ▼ (으)로 바꾸기	모양이 'button2-b'로 바뀝니다.
0.2 초 기다리기	0.2초 기다립니다.
초기화 ▼ 신호 보내기	'초기화' 신호를 보냅니다.
모양을 button2-a ▼ (으)로 바꾸기	모양이 'button2-a'로 바뀝니다.

고양이

클릭했을 때 ┈┈ ▶을 클릭하면 아래에 연결된 블록을 실행합니다.

항목집합 ▼ 의 항목을 모두 삭제하기 ┈┈ '항목집합' 리스트의 모든 항목을 삭제합니다.

항목추가 ▼ 신호를 받았을 때 ┈┈ '항목추가' 신호를 받으면 아래에 연결된 블록을 실행합니다.

추가할 항목? 라고 묻고 기다리기 ┈┈ 추가할 항목을 묻습니다.

만약 항목집합 ▼ 이(가) 대답 을(를) 포함하는가? (이)라면 ┈┈ 사용자 대답이 '항목집합' 리스트에 있으면 다른 항목을 입력하라고 말합니다.

다른 항목을 입력하세요 을(를) 2 초 동안 말하기

아니면

대답 을(를) 항목집합 ▼ 에 추가하기 ┈┈ 사용자 대답이 '항목집합' 리스트에 없으면 사용자 대답을 '항목집합' 리스트에 저장합니다.

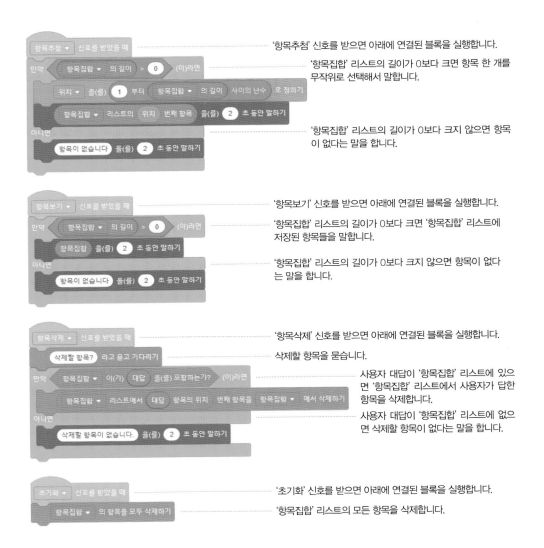

'항목추첨' 신호를 받으면 아래에 연결된 블록을 실행합니다.

'항목집합' 리스트의 길이가 0보다 크면 항목 한 개를 무작위로 선택해서 말합니다.

'항목집합' 리스트의 길이가 0보다 크지 않으면 항목이 없다는 말을 합니다.

'항목보기' 신호를 받으면 아래에 연결된 블록을 실행합니다.

'항목집합' 리스트의 길이가 0보다 크면 '항목집합' 리스트에 저장된 항목들을 말합니다.

'항목집합' 리스트의 길이가 0보다 크지 않으면 항목이 없다는 말을 합니다.

'항목삭제' 신호를 받으면 아래에 연결된 블록을 실행합니다.

삭제할 항목을 묻습니다.

사용자 대답이 '항목집합' 리스트에 있으면 '항목집합' 리스트에서 사용자가 답한 항목을 삭제합니다.

사용자 대답이 '항목집합' 리스트에 없으면 삭제할 항목이 없다는 말을 합니다.

'초기화' 신호를 받으면 아래에 연결된 블록을 실행합니다.

'항목집합' 리스트의 모든 항목을 삭제합니다.

응용 문제 18-1

추첨에 의해 선택된 항목을 '항목집합'에서 삭제되도록 수정해보세요. [정답 및 풀이 401쪽]

19

영어듣기평가

👉 이 장에서 배울 핵심 포인트

- 텍스트를 음성으로 변환해서 출력하는 텍스트 음성 변환을 이해합니다.
- 리스트를 이용해서 무작위로 문제를 제시하는 방법을 이해합니다.

그림으로 미리보기

사용자가 입력한 영어 문장 또는 단어를 음성으로 출력합니다.

영어듣기평가를 합니다.

 **Play** 〉 **프로젝트 실행하기**

준비 인터넷 주소창에 https://scratch.mit.edu/projects/278706872/를 입력한 후 Enter 를 눌러 접속하세요.

'영어듣기평가' 프로젝트를 실행해봅시다.

01 무대 왼쪽 위의 ⚑을 클릭하면 사회자가 버튼을 누르라는 말을 합니다.

02 [영어듣기] 버튼을 클릭하고 영어 문장 또는 단어를 입력하면 음성으로 출력합니다.

03 [테스트하기] 버튼을 클릭하면 화면 아래에 위치한 동물들 중 한 동물의 영어 이름을 음성으로 들려줍니다. 사용자는 이에 해당하는 동물을 클릭하면 되는데, 사용자 선택이 맞았는지 틀렸는지를 음성으로 출력합니다.

 Training 〉 **개념 이해하기**

✔ 텍스트 음성 변환

텍스트 음성 변환 기능을 이용해서 텍스트를 음성으로 변환해서 출력할 수 있습니다.

텍스트 음성 변환과 관련된 블록을 이용하기 위해 화면 왼쪽 아래에 위치한 [확장 기능 추가하기] 버튼 을 클릭합니다.

[확장 기능 고르기] 창에서 '텍스트 음성 변환'을 클릭하면 텍스트 음성 변환 관련 블록들이 추가됩니다.

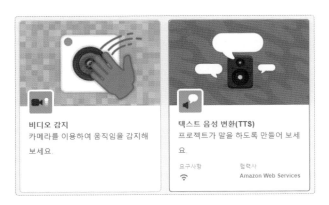

비디오 감지
카메라를 이용하여 움직임을 감지해
보세요.

텍스트 음성 변환(TTS)
프로젝트가 말을 하도록 만들어 보세
요.

요구사항   협력사
📶   Amazon Web Services

처음 만나는 블록

입력한 텍스트를 음성으로 변환해서 출력합니다.

음의 높낮이를 설정합니다. ▼를 눌러 높낮이를 선택할 수 있습니다.

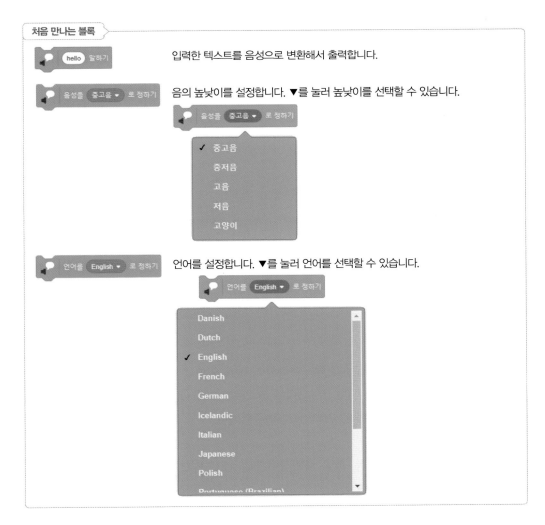

언어를 설정합니다. ▼를 눌러 언어를 선택할 수 있습니다.

✓ 사용자가 대답한 영어로 된 문장 또는 단어를 음성으로 변환해서 출력합니다.

Make 프로젝트 작성하기

Step 1. 초기 환경 설정하기

프로젝트에 필요한 스프라이트, 버튼, 변수, 리스트를 만들고, 텍스트를 음성으로 변환하는 텍스트음성 변환 기능을 추가해보겠습니다.

01 스크래치 웹사이트에서 [만들기]를 클릭하고 기본적으로 나오는 '스프라이트 1'의 이름을 '고양이'로 변경합니다. [스프라이트 고르기] 아이콘 🔵을 클릭하여 'Dog1', 'Elephant', 'Lion', 'Monkey'를 가져와서 이름을 '개', '코끼리', '사자', '원숭이'로 변경합니다.

02 '고양이' 스프라이트로 이동해서 [이벤트] 카테고리의 █ 클릭했을 때 블록을 가져오고 [형태] 카테고리의 크기를 50%로 정하기 블록을 연결합니다.

03 █ 클릭했을 때를 드래그하여 다른 동물 스프라이트에 복사합니다. 단, '원숭이' 스프라이트는 너무 크므로 '50'을 '40'으로 변경합니다. █을 클릭해서 스프라이트의 크기를 줄입니다.

04 [스프라이트 고르기] 아이콘 🔵을 클릭하여 'Button2'를 2개 가져와서 '영어듣기'와 '테스트하기'를 버튼에 입력하고, 이름을 '듣기버튼'과 '테스트버튼'으로 변경합니다.

05 스프라이트들을 무대의 적당한 위치로 이동시킵니다.

06 [스프라이트 고르기] 아이콘 🔵을 클릭하여 'Abby'를 가져와서 이름을 '사회자'로 변경합니다.

07 화면 왼쪽 아래에 위치한 [확장 기능 추가하기] 버튼 🔳을 클릭하고, [확장 기능 고르기] 창에서 '텍스트 음성 변환(TTS)'을 클릭합니다.

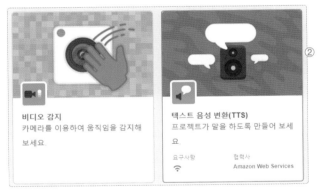

08 [변수] 카테고리에서 '위치' 변수와 '영어이름' 리스트를 만듭니다.

09 모든 동물 스프라이트에 [형태] 카테고리의 숨기기 블록을 연결합니다. ⚑을 클릭하면 모든 동물 스프라이트가 무대에서 사라집니다.

10 '사회자' 스프라이트로 이동해서 [이벤트] 카테고리의 **클릭했을 때** 블록을 가져오고, [형태] 카테고리의 **보이기** 블록과 **버튼을 클릭해!을(를) 2초 동안 말하기** 블록을 연결합니다. **▶**을 클릭하면 버튼을 클릭하라는 말을 합니다.

Step 2. **버튼 클릭하기**

각 버튼을 클릭하면 신호가 전송되도록 해보겠습니다.

01 '듣기버튼' 스프라이트로 이동해서 [이벤트] 카테고리의 **이 스프라이트를 클릭했을 때** 블록을 드래그하고, **영어듣기▼ 신호 보내기** 블록을 연결합니다. '듣기버튼'을 클릭하면 '영어듣기' 신호가 전송됩니다.

02 '테스트버튼' 스프라이트로 이동해서 [이벤트] 카테고리의 **이 스프라이트를 클릭했을 때** 블록을 드래그하고, **테스트하기▼ 신호 보내기** 블록을 연결합니다. '테스트버튼'을 클릭하면 '테스트하기' 신호가 전송됩니다.

Step 3. **영어 듣기**

영어로 된 문장 또는 단어를 입력하면 음성으로 변환해서 출력해봅시다.

01 '사회자' 스프라이트로 이동해서 [이벤트] 카테고리의 **영어듣기▼ 신호를 받았을 때** 블록을 가져오고, [형태] 카테고리의 **보이기** 블록을 연결합니다.

02 [감지] 카테고리의 **영어 문장 또는 단어?라고 묻고 기다리기** 블록을 연결합니다. [Text to Speech] 카테고리의 **hello 말하기** 블록을 연결하고, hello 위치에 [감지] 카테고리의 **대답** 블록을 넣습니다. 사용자가 대답한 내용을 음성으로 출력합니다.

> **처음 만나는 블록**
>
>  입력한 텍스트를 음성으로 변환해서 출력합니다.

03 [형태] 카테고리의 안녕!을(를) 2초 동안 말하기 블록을 연결하고, 안녕! 위치에 [감지] 카테고리의 대답 블록을 넣습니다.

04 '고양이' 스프라이트로 이동해서 [이벤트] 카테고리의 영어듣기▼ 신호를 받았을 때 블록을 가져오고, [형태] 카테고리의 숨기기 블록을 연결합니다. 이 스크립트를 나머지 동물 스프라이트로 복사합니다.

Step 4. **테스트하기 메시지 받기**

테스트하기 신호를 받았을 때 스프라이트의 형태를 설정해봅시다.

01 '사회자' 스프라이트로 이동해서 [이벤트] 카테고리의 테스트하기▼ 신호를 받았을 때 블록을 가져오고, [형태] 카테고리의 숨기기 블록을 연결합니다.

02 '고양이' 스프라이트로 이동해서 [이벤트] 카테고리의 테스트하기▼ 신호를 받았을 때 블록을 가져오고, [형태] 카테고리의 보이기 블록을 연결합니다. 이 스크립트를 나머지 동물 스프라이트로 복사합니다. '테스트하기' 신호를 받으면 동물 스프라이트들이 무대에 나타납니다.

Step 5. **테스트할 단어 등록하기**

테스트할 영어 단어를 리스트에 저장해봅시다.

01 '테스트버튼'으로 이동해서, [이벤트] 카테고리의 클릭했을 때 블록을 가져오고, [변수] 카테고리의 영어이름▼의 항목을 모두 삭제하기 블록을 연결합니다

02 [변수] 카테고리의 `항목을(를) 영어이름▼에 추가하기` 블록을 이용해서 'cat', 'dog', 'elephant', 'lion', 'monkey'를 '영어이름' 리스트에 추가합니다.

Step 6. 문제 제시하기

'영어이름' 리스트에 저장된 단어 중 한 개를 무작위로 선택해서 음성으로 출력해 문제를 제시해보겠습니다.

01 '테스트버튼'으로 이동해서 [변수] 카테고리의 `위치▼을(를) 0로 정하기` 블록을 `이 스프라이트를 클릭했을 때`에 연결합니다. 0 위치에 [연산] 카테고리의 `1부터 10사이의 난수` 블록을 넣고, 10 위치에 [변수] 카테고리의 `영어이름▼의 길이` 블록을 넣습니다. '위치' 변수에 1부터 5사이의 난수가 저장됩니다.

02 [Text to Speech] 카테고리의 `hello 말하기` 블록을 연결하고, hello 위치에 [변수] 카테고리의 `영어이름▼리스트 1번째 항목` 블록을 넣습니다. 1 위치에 [변수] 카테고리의 `위치` 블록을 넣습니다.

만약 '위치' 변수에 2가 저장되어 있다면 '영어이름' 리스트의 2번째 항목인 'dog'를 음성으로 출력하게 됩니다.

영어이름

위치

Step 7. 답변하기

사용자가 정답이라고 판단되는 동물 스프라이트를 클릭하면 정답인지 아닌지를 음성으로 말하도록 해보겠습니다.

01 '고양이' 스프라이트로 이동해서 [이벤트] 카테고리의 `이 스프라이트를 클릭했을 때` 블록을 연결하고, [제어] 카테고리의 `만약 ◇ (이)라면 ~ 아니면` 블록을 연결합니다.

02 [연산] 카테고리의 `● = ●` 블록을 `만약 ◇ (이)라면 ~ 아니면`의 ◇에 넣고, = 오른쪽에 cat를 입력합니다.

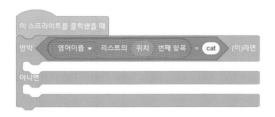

03 = 왼쪽에 [변수] 카테고리의 `영어이름▼ 리스트 1번째 항목` 블록을 넣고, 1 위치에 `위치` 블록을 넣습니다.

04 [Text to Speech] 카테고리의 `right 말하기` 블록을 `만약 ◇ (이)라면 ~ 아니면`의 (이)라면 안에 넣고, `wrong 말하기` 블록을 아니면 안에 넣습니다.

사용자 선택이 정답인지 아닌지를 어떻게 판단하는지 살펴보겠습니다. 우선 정답인 경우를 살펴보겠습니다.

'테스트버튼' 스프라이트

'고양이' 스프라이트

01 ① '위치' 변수에 1이 저장되어 있다고 가정합니다.

	영어이름	
1	cat	
2	dog	
3	elephant	
4	lion	1
5	monkey	위치

02 ② '영어이름' 리스트의 1번째 항목인 'cat'을 음성으로 출력하여 문제를 제시합니다.

03 사용자가 고양이가 정답이라고 판단하여 '고양이' 스프라이트를 클릭합니다.

04 ③ '영어이름' 리스트의 1번째 항목인 'cat'과 'cat'이 같으므로 참이 되어 ④에서 맞았다는 음성을 출력합니다.

정답이 아닌 경우를 살펴보겠습니다.

01 ① '위치' 변수에 4가 저장되어 있다고 가정합니다.

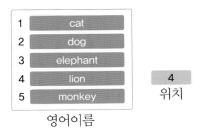

02 ② '영어이름' 리스트의 4번째 항목인 'lion'을 음성으로 출력하여 문제를 제시합니다.

03 사용자가 고양이가 정답이라고 판단하여 '고양이' 스프라이트를 클릭합니다.

04 ③ '영어이름' 리스트의 4번째 항목인 'lion'과 'cat'이 다르므로 거짓이 되어 ⑤에서 틀렸다는 음성을 출력합니다.

05 '고양이' 스프라이트의 이 스프라이트를 클릭했을 때 스크립트를 개, 코끼리, 사자, 원숭이 스프라이트로 복사합니다.

06 '개' 스프라이트로 이동합니다.

07 도전 문제 19-1 사용자 선택에 대한 정답 여부를 음성으로 출력하려고 합니다. 제대로 동작하도록 수정하기 바랍니다. [정답 및 풀이 402쪽]

08 '코끼리', '사자', '원숭이' 스프라이트도 제대로 동작하도록 수정합니다.

Step 8. **배경 넣기**

배경을 넣어보겠습니다.

오른쪽 아래에 위치한 [배경 고르기] 아이콘 ⊙을 클릭하여 'Colorful City'를 선택합니다.

Step 9. **검토하기**

프로젝트가 완성되면 실행시켜 제대로 동작하는지 확인해 봅니다. 만약 실행이 되지 않거나 실행 결과가 처음 의도했던 것과 다른 부분이 있으면 확인하여 수정합니다. 추가적으로 궁금한 내용은 이 책 카페의 '영어듣기평가(LESSON 19)' 게시글의 댓글로 질문하시기 바랍니다.

전체 코드 작성하기

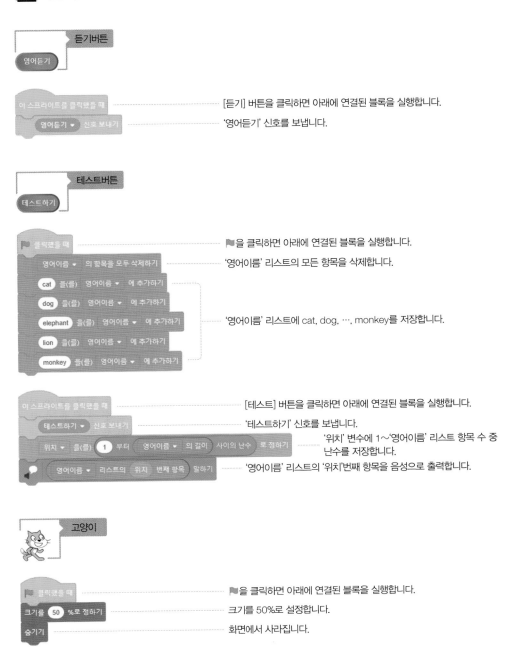

듣기버튼

영어듣기

이 스프라이트를 클릭했을 때 ······· [듣기] 버튼을 클릭하면 아래에 연결된 블록을 실행합니다.

영어듣기 ▾ 신호 보내기 ······· '영어듣기' 신호를 보냅니다.

테스트버튼

테스트하기

클릭했을 때 ······· ▶을 클릭하면 아래에 연결된 블록을 실행합니다.

영어이름 ▾ 의 항목을 모두 삭제하기 ······· '영어이름' 리스트의 모든 항목을 삭제합니다.

cat 을(를) 영어이름 ▾ 에 추가하기

dog 을(를) 영어이름 ▾ 에 추가하기

elephant 을(를) 영어이름 ▾ 에 추가하기 ······· '영어이름' 리스트에 cat, dog, …, monkey를 저장합니다.

lion 을(를) 영어이름 ▾ 에 추가하기

monkey 을(를) 영어이름 ▾ 에 추가하기

이 스프라이트를 클릭했을 때 ······· [테스트] 버튼을 클릭하면 아래에 연결된 블록을 실행합니다.

테스트하기 ▾ 신호 보내기 ······· '테스트하기' 신호를 보냅니다.

위치 ▾ 을(를) 1 부터 영어이름 ▾ 의 길이 사이의 난수 로 정하기 ······· '위치' 변수에 1~'영어이름' 리스트 항목 수 중 난수를 저장합니다.

영어이름 ▾ 리스트의 위치 번째 항목 말하기 ······· '영어이름' 리스트의 '위치'번째 항목을 음성으로 출력합니다.

고양이

클릭했을 때 ······· ▶을 클릭하면 아래에 연결된 블록을 실행합니다.

크기를 50 %로 정하기 ······· 크기를 50%로 설정합니다.

숨기기 ······· 화면에서 사라집니다.

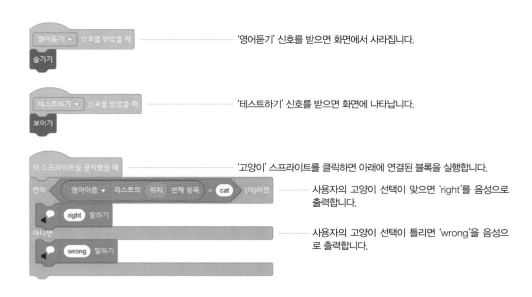

'영어듣기' 신호를 받으면 화면에서 사라집니다.

'테스트하기' 신호를 받으면 화면에 나타납니다.

'고양이' 스프라이트를 클릭하면 아래에 연결된 블록을 실행합니다.

사용자의 고양이 선택이 맞으면 'right'를 음성으로 출력합니다.

사용자의 고양이 선택이 틀리면 'wrong'을 음성으로 출력합니다.

▶을 클릭하면 아래에 연결된 블록을 실행합니다.

화면에 나타납니다.

버튼을 클릭하라는 말을 합니다.

'영어듣기' 신호를 받으면 아래에 연결된 블록을 실행합니다.

화면에 나타납니다.

영어 문장 또는 단어를 묻습니다.

사용자 대답을 음성으로 출력합니다.

사용자 대답을 말합니다.

'테스트하기' 신호를 받으면 화면에서 사라집니다.

응용 문제 19-1

동물 스프라이트 5개를 더 추가하고, 테스트를 통과한 단어는 '영어이름' 리스트에서 삭제되도록 해보세요.

[정답 및 풀이 402쪽]

20

외국어 단어 테스트

☞ 이 장에서 배울 핵심 포인트
- 어떤 언어로 된 글을 다른 언어로 번역하는 번역 기능을 이해합니다.
- 리스트에 문제를 등록하는 방법을 이해합니다.

그림으로 미리보기

공부할 단어를 등록합니다.

선택한 언어로 된 단어 문제가 나옵니다.

문제에서 제시한 단어에 대한 한국어가 맞았는지 틀렸는지를 말합니다.

 **Play** > 프로젝트 실행하기

준비 인터넷 주소창에 https://scratch.mit.edu/projects/278171510/를 입력한 후 (Enter)를 눌러 접속하세요.

'외국어 단어 테스트' 프로젝트를 실행시켜봅시다.

01 [단어등록] 버튼을 클릭하고 테스트할 단어 수를 입력합니다.

02 사용자가 대답한 단어 수만큼 테스트할 단어를 입력합니다.

03 테스트할 언어에 해당하는 버튼을 클릭합니다. 등록한 단어들을 해당 언어로 번역해서 묻습니다.

04 사용자는 질문에서 제시한 단어에 대한 한국어를 입력하면 되는데, 사용자 대답이 맞았는지 틀렸는지를 알려줍니다.

 **Training** > **개념 이해하기**

✓ **번역**

번역 기능을 이용해서 어떤 언어로 된 글을 다른 언어의 글로 번역할 수 있습니다.

번역과 관련된 블록을 이용하기 위해 화면 왼쪽 아래에 위치한 [확장 기능 추가하기] 버튼 🖼️
을 클릭합니다.

①

[확장 기능 고르기] 창에서 '번역'을 클릭하면 번역 관련 블록들이 추가됩니다.

②

처음 만나는 블록

입력한 텍스트를 설정한 언어로 번역합니다. ▼를 눌러 언어를 선택할 수 있습니다.

스크래치 편집기에서 설정된 언어를 확인합니다.

✔ 번역할 언어와 번역할 내용을 사용자로부터 입력 받아 번역하여 말합니다.

프로젝트 작성하기

Step 1. 초기 환경 설정하기

프로젝트에 필요한 버튼, 변수, 리스트들을 만들고 번역 기능을 추가해봅시다.

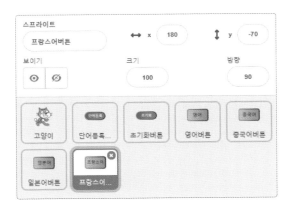

01 스크래치 웹사이트에서 [만들기]를 클릭하고 기본적으로 나오는 '스프라이트 1'의 이름을 '고양이'로 변경합니다. [스프라이트 고르기] 버튼 ◉을 클릭하여 [스프라이트 고르기] 창에서 'Button2'를 2개 가져와서 각 버튼에 '단어등록'과 '초기화'를 입력하고 이름을 '단어등록버튼'과 '초기화버튼'으로 변경합니다. 'Button3'를 4개 가져와서 각 버튼에 '영어', '중국어', '일본어', '프랑스어'를 입력하고 이름을 '영어버튼', '중국어버튼', '일본어버튼', '프랑스어버튼'으로 변경합니다.

02 버튼들을 무대의 적당한 위치로 이동시킵니다.

03 [변수] 카테고리에서 '단어수', '언어', '위치' 변수와 '단어' 리스트를 만듭니다.

04 화면 왼쪽 아래에 위치한 [확장 기능 추가하기] 버튼 을 클릭하고, [확장 기능 고르기] 창에서 '번역'을 클릭합니다.

Step 2. **버튼 클릭하기**

각 버튼을 클릭했을 때의 동작을 구현해봅시다.

01 '단어등록버튼' 스프라이트로 이동해서 [이벤트] 카테고리의 `이 스프라이트를 클릭했을 때` 블록을 드래그 합니다. [이벤트] 카테고리의 `단어등록▼ 신호 보내기` 블록을 연결합니다. [단어등록] 버튼을 클릭하면 '단어등록' 메시지가 방송됩니다.

02 '초기화버튼' 스프라이트로 이동해서 [이벤트] 카테고리의 이 스프라이트를 클릭했을 때 블록을 가져오고, [변수] 카테고리의 단어▼의 항목을 모두 삭제하기 블록을 연결합니다. [초기화] 버튼을 클릭하면 '단어' 리스트의 모든 항목이 삭제됩니다.

03 '영어버튼' 스프라이트로 이동해서 [이벤트] 카테고리의 이 스프라이트를 클릭했을 때 블록을 가져옵니다. [변수] 카테고리의 언어▼을(를) 영어로 정하기 블록을 연결합니다. 번역 기능을 이용해서 번역할 언어를 영어로 설정하기 위해서 '언어' 변수에 영어를 저장합니다. [이벤트] 카테고리의 테스트시작▼ 신호 보내기 블록을 연결합니다.

04 '영어버튼'의 이 스프라이트를 클릭했을 때를 드래그하여 스프라이트 목록의 '중국어버튼', '일본어버튼', '프랑스어버튼'을 클릭합니다.

05 '중국어버튼'으로 이동하면 스크립트가 복사된 것을 확인할 수 있는데, '영어'를 '중국어(간체)'로 변경합니다. '일본어버튼'에서는 '일본어'로, '프랑스어버튼'에서는 '프랑스어'로 변경합니다.

Step 3. **단어 등록하기**

테스트할 단어를 등록해봅시다.

01 '고양이' 스프라이트로 이동해서 [이벤트] 카테고리의 단어등록▼ 신호를 받았을 때 블록을 가져오고, [변수] 카테고리의 단어▼의 항목을 모두 삭제하기 블록을 연결합니다.

02 [감지] 카테고리의 `단어 수? 라고 묻고 기다리기` 블록을 연결합니다. [변수] 카테고리의 `단어수▼을(를) 0으로 정하기` 블록을 연결하고, 0 위치에 [감지] 카테고리의 `대답` 블록을 넣습니다. 사용자가 대답한 단어 수가 '단어수' 변수에 저장됩니다.

03 [제어] 카테고리의 `◇까지 반복하기` 블록을 연결하고, ◇에 [연산] 카테고리의 `●=●` 블록을 넣습니다. = 왼쪽에 [변수] 카테고리의 `단어▼의 길이` 블록을 넣고, = 오른쪽에 `단어수` 블록을 넣습니다. '단어' 리스트에 저장된 항목 수가 '단어수' 변수값과 같을 때까지 반복합니다.

04 [감지] 카테고리의 `공부할 단어(한글)?라고 묻고 기다리기` 블록과 [제어] 카테고리의 `만약 ◇ (이)라면 ~ 아니면` 블록을 넣습니다.

05 도전 문제 20-1 사용자가 대답한 단어가 '단어' 리스트에 포함되어 있다는 조건을 만들고자 합니다. 그렇다면 (1)에 어떤 내용이 들어가야 하는지 생각해보고 채우기 바랍니다. [정답 및 풀이 402쪽]

```
단어등록 ▼ 신호를 받았을 때
  단어 ▼ 의 항목을 모두 삭제하기
  단어 수? 라고 묻고 기다리기
  단어수 을(를) 대답 로 정하기
  단어 ▼ 의 길이 = 단어수 까지 반복하기
    공부할 단어(한글)? 라고 묻고 기다리기
    만약            ( 1 )            (이)라면

    아니면

```

06 [형태] 카테고리의 `이미 등록된 단어입니다.을(를) 2초 동안 말하기` 블록을 `만약 ◇ (이)라면 ~ 아니면`의 (이)라면 안에 넣습니다. 이미 등록된 단어를 입력했다는 말을 합니다.

```
단어등록 ▼ 신호를 받았을 때
  단어 ▼ 의 항목을 모두 삭제하기
  단어 수? 라고 묻고 기다리기
  단어수 을(를) 대답 로 정하기
  단어 ▼ 의 길이 = 단어수 까지 반복하기
    공부할 단어(한글)? 라고 묻고 기다리기
    만약 단어 ▼ 이(가) 대답 을(를) 포함하는가? (이)라면
      이미 등록된 단어입니다. 을(를) 2 초 동안 말하기
    아니면

```

07 [변수] 카테고리의 `항목을(를) 단어▼에 추가하기` 블록을 `만약 ◇ (이)라면 ~ 아니면`의 아니면 안에 넣고, 항목 위치에 [감지] 카테고리의 `대답` 블록을 넣습니다. 사용자가 대답한 단어가 '단어' 리스트에 저장됩니다.

```
단어등록 ▼ 신호를 받았을 때
  단어 ▼ 의 항목을 모두 삭제하기
  단어 수? 라고 묻고 기다리기
  단어수 을(를) 대답 로 정하기
  단어 ▼ 의 길이 = 단어수 까지 반복하기
    공부할 단어(한글)? 라고 묻고 기다리기
    만약 단어 ▼ 이(가) 대답 을(를) 포함하는가? (이)라면
      이미 등록된 단어입니다. 을(를) 2 초 동안 말하기
    아니면
      대답 을(를) 단어 ▼ 에 추가하기

```

Step 4. **단어 테스트하기**

등록된 단어에 대한 단어 테스트를 해보겠습니다.

01 [이벤트] 카테고리의 테스트시작▼ 신호를 받았을 때 블록을 가져오고, [변수] 카테고리의 위치▼을(를) 1로 정하기 블록을 연결합니다. '위치' 변수에는 테스트할 단어에 대한 '단어' 리스트의 위치가 저장됩니다.

02 [제어] 카테고리의 10번 반복하기 블록을 연결하고, 10 위치에 [변수] 카테고리의 단어▼의 길이 블록을 넣습니다. '단어' 리스트에 저장된 단어 수만큼 반복하게 됩니다.

03 [감지] 카테고리의 What's your name? 라고 묻고 기다리기 블록을 넣고, What's your name? 위치에 [번역] 카테고리의 안녕을(를) 갈리시아어▼로 번역하기 블록을 넣습니다.

처음 만나는 블록

안녕 을(를) 그리스어 ▼ 로 번역하기   입력한 텍스트를 설정한 언어로 번역합니다. ▼를 눌러 언어를 선택할 수 있습니다.

---

04 [변수] 카테리어의 '단어' 리스트 단어▼리스트의 1번째 항목 블록을 안녕을(를) 갈리시아어▼로 번역하기의 안녕 위치에 넣고, 1 위치에 [변수] 카테고리의 위치 블록을 넣습니다. [변수] 카테고리의 언어 블록을 안녕을(를) 갈리시아어▼로 번역하기의 갈리시아어 위치에 넣습니다.

테스트시작 ▼ 신호를 받았을 때
위치 ▼ 을(를) 1 로 정하기
단어 ▼ 의 길이 번 반복하기
  단어 ▼ 리스트의 위치 번째 항목 을(를) 언어 로 번역하기 라고 묻고 기다리기

'단어' 리스트가 다음과 같고, '위치' 변수에 1이, '언어' 변수에 '영어'가 저장되어 있다고 가정하겠습니다.

그렇다면 '단어' 리스트의 '위치' 즉, 1번째 항목은 '사자'가 되고, '사자'를 '언어' 즉, 영어로 번역하면 'lion'이 됩니다. 결국 lion을 묻게 됩니다.

05 [제어] 카테고리의 만약 ◇ (이)라면 ~ 아니면 블록을 연결하고, ◇에 [연산] 카테고리의 ● = 50 블록을 넣습니다. = 왼쪽에 [감지] 카테고리의 대답 블록을 넣습니다.

06 도전 문제 20-2 사용자가 대답한 단어가 정답이 되는 조건을 만들고자 합니다. 그렇다면 (2)에 어떤 내용이 들어가야 하는지 생각해보고 채우기 바랍니다. [정답 및 풀이 402쪽]

07 만약 ◇ (이)라면 ~ 아니면 의 (이)라면 안에 [형태] 카테고리의 딩동댕!을(를) 2초 동안 말하기 블록을 넣고, 아니면 안에 땡!을(를) 2초 동안 말하기 블록을 넣습니다. 사용자가 대답한 단어가 정답이면 딩동댕!을 말하고, 그렇지 않으면 땡!을 말합니다.

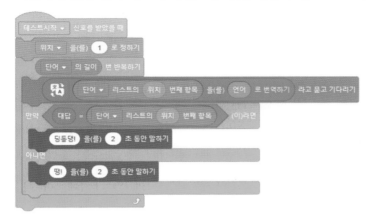

08 도전 문제 20-3 다음 반복에서는 '단어' 리스트에 저장된 다음 단어에 대한 테스트를 하고자 합니다. 그렇다면 (3)에 어떤 내용이 들어가야 하는지 생각해보고 채우기 바랍니다.

[정답 및 풀이 402쪽]

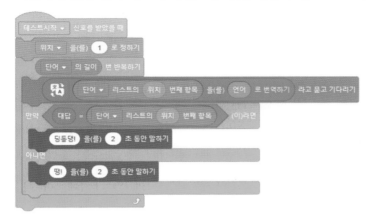

배경을 넣어봅시다.

오른쪽 아래에 위치한 [배경 고르기] 아이콘 ⓒ을 클릭하여 'Forest'를 선택합니다.

Step 6. 검토하기

프로젝트가 완성되면 실행시켜 제대로 동작하는지 확인해 봅니다. 만약 실행이 되지 않거나 실행 결과가 처음 의도했던 것과 다른 부분이 있으면 확인하여 수정합니다. 추가적으로 궁금한 내용은 이 책 카페의 '외국어 단어 테스트(LESSON 20)' 게시글의 댓글로 질문하시기 바랍니다.

전체 코드 작성하기

[단어등록] 버튼을 클릭하면 아래에 연결된 블록을 실행합니다.
'단어등록' 신호를 보냅니다.

초기화버튼

이 스프라이트를 클릭했을 때 .... [초기화] 버튼을 클릭하면 아래에 연결된 블록을 실행합니다.

단어 ▼ 의 항목을 모두 삭제하기 .... '단어' 리스트의 모든 항목을 삭제합니다.

영어버튼

이 스프라이트를 클릭했을 때 .... [영어] 버튼을 클릭하면 아래에 연결된 블록을 실행합니다.

언어 ▼ 을(를) 영어 로 정하기 .... '언어' 변수에 영어를 저장합니다.

테스트시작 ▼ 신호 보내기 .... '테스트시작' 신호를 보냅니다.

고양이

단어등록 ▼ 신호를 받았을 때 .... '단어등록' 신호를 받으면 아래에 연결된 블록을 실행합니다.

단어 ▼ 의 항목을 모두 삭제하기 .... '단어' 리스트의 모든 항목을 삭제합니다.

단어 수? 라고 묻고 기다리기 .... 단어 수를 묻습니다.

단어수 을(를) 대답 로 정하기 .... 사용자 대답을 '단어수' 변수에 저장합니다.

단어 ▼ 의 길이 = 단어수 까지 반복하기 .... '단어'의 길이와 '단어수'가 같아질 때까지 안에 연결된 블록을 반복해서 실행합니다.

공부할 단어(한글)? 라고 묻고 기다리기 .... 공부할 단어를 묻습니다.

만약 단어 ▼ 이(가) 대답 을(를) 포함하는가? (이)라면 .... 사용자 대답이 '단어' 리스트에 있으면 이미 등록된 단어라고 말합니다.

이미 등록된 단어입니다. 을(를) 2 초 동안 말하기

아니면

대답 을(를) 단어 ▼ 에 추가하기 .... 사용자 대답이 '단어' 리스트에 없으면 사용자 대답을 '단어' 리스트에 저장합니다.

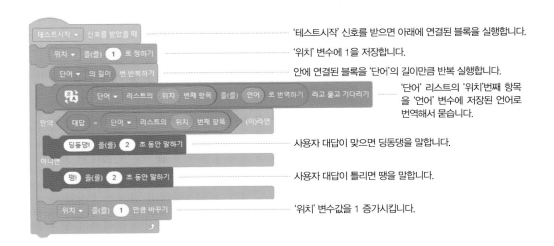

'테스트시작' 신호를 받으면 아래에 연결된 블록을 실행합니다.

'위치' 변수에 1을 저장합니다.

안에 연결된 블록을 '단어'의 길이만큼 반복 실행합니다.

'단어' 리스트의 '위치'번째 항목을 '언어' 변수에 저장된 언어로 번역해서 묻습니다.

사용자 대답이 맞으면 딩동댕을 말합니다.

사용자 대답이 틀리면 땡을 말합니다.

'위치' 변수값을 1 증가시킵니다.

응용 문제 20-1

단어 테스트를 마치면 전체 몇 문항 중 몇 문항 맞췄는지 말하는 기능을 추가하세요. [정답 및 풀이 403쪽]

21

동물 영어 이름 맞추기 퀴즈

👆 이 장에서 배울 핵심 포인트
- 리스트를 이용해서 스프라이트 모양을 무작위로 변경하는 방법을 이해합니다.
- 리스트와 스프라이트 모양을 이용해서 퀴즈 만드는 방법을 이해합니다.

그림으로 미리보기

동물의 영어 이름을 묻는 문제가 나옵니다.

사용자 대답이 맞았는지 틀렸는지를 말합니다.

 **Play** **프로젝트 실행하기**

준비 인터넷 주소창에 https://scratch.mit.edu/projects/282476864/를 입력한 후 [Enter]를 눌러 접속하세요.

'동물 영어 이름 맞추기' 퀴즈 프로젝트를 실행해봅시다.

01 무대 왼쪽 위의 🏳을 클릭하면 몇 문항 풀어볼지 묻습니다.

02 문항 수를 입력하면 퀴즈를 시작한다고 말합니다.

03 동물이 나와서 영어 단어를 묻습니다. 동물이 나오는 순서는 일정하지 않습니다.

04 사용자가 대답한 내용이 맞았는지 틀렸는지를 알려줍니다.

05 입력한 문항 수만큼 문항을 풀면 맞춘 문항 수를 말하고 게임을 종료합니다.

 **Make** 〉 **프로젝트 작성하기**

Step 1. **초기 환경 설정하기**

프로젝트에 필요한 스프라이트, 버튼, 변수, 리스트를 만들어보겠습니다.

01 스크래치 웹사이트에서 [만들기]를 클릭하고 기본적으로 나오는 '스프라이트 1'의 이름을 '동물'로 변경합니다.

02 [모양] 탭을 클릭하면 2개의 모양이 있습니다. 이 중 두 번째 모양인 '모양 2'를 삭제하고, '모양 1'을 'cat'으로 변경합니다.

03 왼쪽 아래에 위치한 [모양 고르기] 버튼 ⓒ을 클릭합니다. [모양 고르기] 창이 열리면 'Bat-a', 'Dog1-a', 'Elephant-a', 'Horse-a', 'Lion-a', 'Monkey-a'를 가져와서 모양 이름을 각각 'bat', 'dog', 'elephant', 'horse', 'lion', 'monkey'로 변경합니다. 동물 스프라이트는 7개의 동물 모양으로 구성됩니다.

04 [스프라이트 고르기] 아이콘 ⓒ을 클릭하여 'Abby'를 가져와서 이름을 '사회자'로 변경합니다.

05 [변수] 카테고리에서 '맞춘문항수', '문항수', '위치' 변수와 '동물이름' 리스트를 만듭니다.

06 '동물' 스프라이트로 이동해서 [이벤트] 카테고리의 `클릭했을 때` 블록을 가져오고 [형태] 카테고리의 `숨기기` 블록을 연결합니다. `을 클릭하면 동물 스프라이트가 무대에서 사라집니다.

07 '사회자' 스프라이트로 이동해서 [이벤트] 카테고리의 `클릭했을 때` 블록을 가져오고 [형태] 카테고리의 `보이기` 블록을 연결합니다. `을 클릭하면 '사회자' 스프라이트가 무대에 나타납니다.

Step 2. 동물 영어 이름 등록하기

퀴즈에 필요한 동물 영어 이름을 리스트에 저장해봅시다.

01 [변수] 카테고리의 `동물이름▼의 항목을 모두 삭제하기` 블록을 연결합니다.

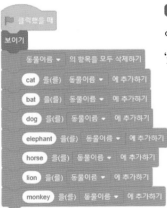

02 [변수] 카테고리의 `항목을(를) 동물이름▼에 추가하기` 블록을 이용해서 'cat', 'bat', 'dog', 'elephant', 'horse', 'lion', 'monkey'를 '동물이름' 리스트에 추가합니다.

'문항수'와 '맞춘문항수' 변수에 초기값을 설정하고 퀴즈 시작을 알리겠습니다.

01 [감지] 카테고리의 What's your name?라고 묻고 기다리기 블록을 연결하고, 'What's your name?' 위치에 [연산] 카테고리의 apple와(과) banana 결합하기 블록 2개를 연결하여 넣습니다.

02 첫 번째 'apple'을 '몇 문항 풀어보겠습니까?(1~'로 변경하고, 두 번째 'apple' 위치에 [변수] 카테고리의 동물이름▼의 길이 블록을 넣습니다. 'banana'를 ')'로 변경합니다. 동물이름▼의 길이 는 '동물이름' 리스트에 저장된 항목의 수이므로 7이 됩니다.

03 [변수] 카테고리의 문항수▼을(를) 0로 정하기 블록을 연결합니다. 0 위치에 [감지] 카테고리의 대답 블록을 넣습니다. 사용자가 대답한 문항수가 '문항수' 변수에 저장됩니다.

04 [변수] 카테고리의 맞춘문항수▼을(를) 0로 정하기 블록을 연결합니다. '맞춘문항수' 변수에 0이 저장됩니다.

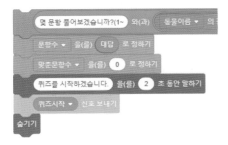

05 [형태] 카테고리의 퀴즈를 시작하겠습니다을(를) 2초 동안 말하기 블록, [이벤트] 카테고리의 퀴즈시작▼ 신호 보내기 블록, [형태] 카테고리의 숨기기 블록을 각각 텍스트를 수정하고 연결합니다. 사용자 스프라이트가 '퀴즈시작' 신호를 보내고 사라집니다.

'동물' 스프라이트의 모양이 무작위로 정해지고 이 동물 모양의 영어 이름이 무엇인지 물어보겠습니다.

01 '동물' 스프라이트로 이동해서 [이벤트] 카테고리의 `퀴즈시작▼ 신호를 받았을 때` 블록을 가져옵니다. [형태] 카테고리의 `숨기기` 블록을 연결합니다.

02 [제어] 카테고리의 `10번 반복하기` 블록을 연결하고, 10 위치에 [변수] 카테고리의 `문항수` 블록을 넣습니다. '문항수' 변수값만큼 반복합니다.

03 [변수] 카테고리의 `위치▼을(를) 0으로 정하기` 블록을 넣습니다. 0 위치에 [연산] 카테고리의 `1부터 10 사이의 난수` 블록을 넣고, 10 위치에 [변수] 카테고리의 `동물이름▼의 길이` 블록을 넣습니다. 처음 시작할 때는 '동물이름' 리스트의 길이가 7이므로 1~7 중 난수가 '위치' 변수에 저장됩니다.

04 [형태] 카테고리의 `모양을 cat▼(으)로 바꾸기` 블록을 연결합니다. 'cat' 위치에 [변수] 카테고리의 `동물이름▼리스트의 1번째 항목` 블록을 넣고, 1 위치에 [변수] 카테고리의 `위치` 블록을 넣습니다.

'위치' 변수값이 2면 '동물이름' 리스트의 두 번째 항목이 'bat'이므로 '동물' 스프라이트의 모양이 'bat'로 바뀝니다.

1	cat
2	**bat**
3	dog
4	elephant
5	horse
6	lion
7	monkey

동물이름

```
2
위치
```

만약 '위치' 변수값이 6이면 '동물이름' 리스트의 6번째 항목이 'lion'이므로 '동물' 스프라이트의 모양이 'lion'으로 바뀝니다.

1	cat
2	bat
3	dog
4	elephant
5	horse
6	**lion**
7	monkey

동물이름

```
6
위치
```

05 [감지] 카테고리의 `영어 이름은?라고 묻고 기다리기` 블록을 연결합니다. 동물 모양의 영어 이름이 무엇인지 묻습니다.

```
퀴즈시작 ▼ 신호를 받았을 때
보이기
  문항수 번 반복하기
    위치 ▼ 을(를) 1 부터 동물이름 ▼ 의 길이 사이의 난수 로 정하기
    모양을 동물이름 ▼ 리스트의 위치 번째 항목 (으)로 바꾸기
    영어 이름은? 라고 묻고 기다리기
```

Step 5. **답변하기**

사용자가 정답이라고 판단되는 동물 영어 이름을 입력하면 정답인지 아닌지를 말하도록 해보
겠습니다.

01 [제어] 카테고리의 만약 ◇ (이)라면 ~ 아니면 블록을 연결하고 ◇에 [연산] 카테고리의 ● = 50 블록을 넣습니다. = 왼쪽에 [감지] 카테고리의 대답 블록을 넣습니다.

02 도전 문제 21-1 사용자가 대답한 내용이 맞았다는 조건을 만들고자 합니다. 그렇다면 (1)에 어떤 내용이 들어가야 하는지 생각해보고 채우기 바랍니다. [정답 및 풀이 403쪽]

03 [소리] 탭으로 이동해서 [소리 고르기] 버튼 을 클릭해서 'Suspense'와 'String Pluck'를 가져옵니다.

04 다시 [코드] 탭으로 돌아와서 만약 ◇(이)라면 ~ 아니면 의 (이)라면 안에 [소리] 카테고리의 Suspense▼ 재생하기 블록, [형태] 카테고리의 맞았습니다!을(를) 2초 동안 말하기 블록, [변수] 카테고리의 맞춘문항수▼을(를) 1 만큼 바꾸기 블록을 넣습니다.

05 `만약 ◇ (이)라면 ~ 아니면`의 아니면 안에 [소리] 카테고리의 `String Pluck▼ 재생하기` 블록, [형태] 카테고리의 `틀렸습니다!을 (를) 2초 동안 말하기` 블록을 넣습니다.

06 [변수] 카테고리의 `1번째 항목을 동물이름 ▼에서 삭제하기` 블록을 연결합니다.

07 `도전 문제 21-2` 앞에서 물었던 질문과 동일한 질문이 나오지 않게 하려고 합니다. 그렇다면 (2)에 어떤 내용이 들어가야 하는지 생각해보고 채우기 바랍니다.

[정답 및 풀이 403쪽]

08 [이벤트] 카테고리의 퀴즈종료▼ 신호 보내기 블록, [형태] 카테고리의 숨기기 블록을 연결합니다. 퀴즈를 종료하면 '퀴즈종료' 메시지를 방송하고 무대에서 사라집니다.

Step 6. 퀴즈 결과 말하기

퀴즈 종료 후 몇 문항 맞췄는지를 말하겠습니다.

01 '사회자' 스프라이트로 이동해서 [이벤트] 카테고리의 퀴즈종료▼ 신호를 받았을 때 블록을 가져오고 [형태] 카테고리의 보이기 블록을 연결합니다.

02 [형태] 카테고리의 안녕! 말하기 블록을 연결하고 '안녕!' 위치에 [연산] 카테고리의 apple와(과) banana 결합하기 블록을 넣습니다.

03 'apple'을 '맞춘 문항 수:'로 변경하고 'banana' 위치에 [변수] 카테고리의 맞춘문항수 블록을 넣습니다.

Step 7. 배경 넣기

배경을 넣어봅시다.

오른쪽 아래에 위치한 [배경 고르기] 아이콘 ◉을 클릭하여 'Room 2'를 선택합니다.

Step 8. 검토하기

프로젝트가 완성되면 실행시켜 제대로 동작하는지 확인해 봅니다. 만약 실행이 되지 않거나 실행 결과가 처음 의도했던 것과 다른 부분이 있으면 확인하여 수정합니다. 추가적으로 궁금한 내용은 이 책 카페의 '동물 영어 이름 맞추기 퀴즈(LESSON 21)' 게시글의 댓글로 질문하시기 바랍니다.

전체 코드 작성하기

 사회자

▶을 클릭했을 때 ┈┈┈┈┈┈┈┈┈┈┈┈┈┈┈┈ ▶을 클릭하면 아래에 연결된 블록을 실행합니다.

보이기 ┈┈┈┈┈┈┈┈┈┈┈┈┈┈┈┈┈┈┈┈┈ 화면에 나타납니다.

동물이름 ▼ 의 항목을 모두 삭제하기 ┈┈┈┈┈┈┈ '동물이름' 리스트의 모든 항목을 삭제합니다.

cat 을(를) 동물이름 ▼ 에 추가하기

bat 을(를) 동물이름 ▼ 에 추가하기

dog 을(를) 동물이름 ▼ 에 추가하기

elephant 을(를) 동물이름 ▼ 에 추가하기 ┈┈┈ '동물이름' 리스트에 cat, bat, …, monkey를 저장합니다.

hprse 을(를) 동물이름 ▼ 에 추가하기

lion 을(를) 동물이름 ▼ 에 추가하기

monkey 을(를) 동물이름 ▼ 에 추가하기

몇 문항 풀어보겠습니까?(1~ 와(과) 동물이름 ▼ 의 길이 와(과)) 결합하기 결합하기 라고 묻고 기다리기 ┈┈┈ 몇 문항 풀어볼지 묻습니다.

문항수 ▼ 을(를) 대답 로 정하기 ┈┈┈┈┈┈┈ 사용자 대답을 '최소' 변수에 저장합니다.

맞춘문항수 ▼ 을(를) 0 로 정하기 ┈┈┈┈┈┈ '맞춘문항수' 변수에 0을 저장합니다.

퀴즈를 시작하겠습니다. 을(를) 2 초 동안 말하기 ┈┈ 퀴즈를 시작한다는 말을 합니다.

퀴즈시작 ▼ 신호 보내기 ┈┈┈┈┈┈┈┈┈┈ '퀴즈시작' 신호를 보냅니다.

숨기기 ┈┈┈┈┈┈┈┈┈┈┈┈┈┈┈┈┈┈┈┈┈ 화면에서 사라집니다.

퀴즈종료 ▼ 신호를 받았을 때 ┈┈┈┈┈┈┈┈ '퀴즈종료' 신호를 받으면 아래에 연결된 블록을 실행합니다.

보이기 ┈┈┈┈┈┈┈┈┈┈┈┈┈┈┈┈┈┈┈┈┈ 화면에 나타납니다.

맞춘 문항 수: 와(과) 맞춘문항수 결합하기 말하기 ┈ 맞춘 문항수를 말합니다.

 동물(고양이)

▶을 클릭했을 때 ┈┈┈┈┈┈┈┈┈┈┈┈┈┈┈┈ ▶을 클릭하면 아래에 연결된 블록을 실행합니다.

숨기기 ┈┈┈┈┈┈┈┈┈┈┈┈┈┈┈┈┈┈┈┈┈ 화면에서 사라집니다.

퀴즈시작 ▼ 신호를 받았을 때	'퀴즈시작' 신호를 받으면 아래에 연결된 블록을 실행합니다.
보이기	화면에 나타납니다.
문항수 번 반복하기	안에 연결된 블록을 '문항수' 만큼 반복 실행합니다.
위치 ▼ 을(를) 1 부터 동물이름 ▼ 의 길이 사이의 난수 로 정하기	'위치' 변수에 1~'동물이름' 리스트 항목 수 중 난수를 저장합니다.
모양을 동물이름 ▼ 리스트의 위치 번째 항목 (으)로 바꾸기	모양이 '동물이름' 리스트의 '위치'번째 항목으로 바뀝니다.
영어 이름은? 라고 묻고 기다리기	영어 이름을 묻습니다.
만약 대답 = 동물이름 ▼ 리스트의 위치 번째 항목 (이)라면	사용자 대답이 맞으면 맞았다는 말을 하고 '맞춘문항수' 변수값을 1 증가시킵니다.
Suspense ▼ 재생하기	
맞았습니다!! 을(를) 2 초 동안 말하기	
맞춘문항수 ▼ 을(를) 1 만큼 바꾸기	
아니면	사용자 대답이 틀리면 틀렸다는 말을 합니다.
String Pluck ▼ 재생하기	
틀렸습니다! 을(를) 2 초 동안 말하기	
위치 번째 항목을 동물이름 ▼ 에서 삭제하기	'동물이름' 리스트에서 '위치'번째 항목을 삭제합니다.
퀴즈종료 ▼ 신호 보내기	'퀴즈종료' 신호를 보냅니다.
숨기기	화면에서 사라집니다.

응용 문제 21-1

텍스트 음성 변환 기능을 이용해서 맞았을 때 'right'를, 틀렸을 때 'wrong'을 음성으로 말하도록 수정하세요.

[정답 및 풀이 403쪽]

도전 문제 **정답 및 풀이**

Lesson 2. 말하며 움직이는 고양이

도전 문제 2-1

'배경1▼'을 눌러 'Soccer 2'를 선택합니다.

Lesson 3. 움직이는 게

응용 문제 3-1

'키보드' 스프라이트에서는 ▼를 눌러 메시지 이름을 '키보드'로 설정합니다.

'멈추기' 스프라이트에서는 ▼를 눌러 메시지 이름을 '멈추기'로 설정합니다.

도전 문제 3-1

오른쪽 방향키를 누르면 90도 방향으로 움직이도록 하고, 아래쪽 방향키를 누르면 180도 방향으로 움직이도록 하고, 위쪽 방향키를 누르면 0도 방향으로 움직이도록 합니다.

응용 문제 3-2 완성된 프로젝트는 이 책의 홈페이지인 https://cafe.naver.com/scratchprogramming의 '스크래치 책' 게시판의 '움직이는 게 (3장)'에서 제공하지만 직접 만들어 보기 바랍니다.

완성된 프로젝트 주소: https://scratch.mit.edu/projects/288896516/

Lesson 4. 생쥐를 잡아라

도전 문제 4-1

오른쪽 방향키를 누르면 90도 방향으로 움직이도록 하고, 아래쪽 방향키를 누르면 180도 방향으로 움직이도록 하고, 위쪽 방향키를 누르면 0도 방향으로 움직이도록 합니다.

도전 문제 4-2

1, 2, 3 중 하나가 무작위로 선택되게 하려면 1부터 3사이의 난수 블록을 사용하면 됩니다.

응용 문제 4-1 완성된 프로젝트는 이 책의 홈페이지인 https://cafe.naver.com/ scratchprogramming의 '스크래치 책' 게시판의 '생쥐를 잡아라 (4장)'에서 제공하지만 직접 만들어 보기 바랍니다.

완성된 프로젝트 주소: https://scratch.mit.edu/projects/288897806/

Lesson 5. 상어 피하는 물고기

도전 문제 5-1

오른쪽 방향키를 누르면 90도 방향으로 움직이도록 하고, 아래쪽 방향키를 누르면 180도 방향으로 움직이도록 하고, 위쪽 방향키를 누르면 0도 방향으로 움직이도록 합니다.

도전 문제 5-2

상어1 또는 상어2에 닿았는지를 확인하는 조건이므로 '그리고'가 아닌 '또는'을 사용해야 합니다.

응용 문제 5-1 완성된 프로젝트는 이 책의 홈페이지인 https://cafe.naver.com/scratchprogramming의 '스크래치 책' 게시판의 '상어 피하는 물고기 (5장)'에서 제공하지만 직접 만들어 보기 바랍니다.

완성된 프로젝트 주소: https://scratch.mit.edu/projects/288898399/

Lesson 6. 하늘에서 떨어지는 물고기 잡기

도전 문제 6-1

왼쪽 방향키를 누르면 −90도 방향으로 움직이도록 하고, 오른쪽 방향키를 누르면 90도 방향으로 움직이도록 합니다.

도전 문제 6-2

게 또는 벽에 닿았는지를 확인하는 조건이므로 '그리고'가 아닌 '또는'을 사용해야 합니다.

도전 문제 6-3 '생명' 변수값을 1 감소시켰을 때 1보다 작으면 '생명'이 0이라는 것을 의미하므로 정답은 1입니다. 만약 0으로 하게 되면 '생명'이 0이 되어도 조건이 거짓이 됩니다.

응용 문제 6-1 완성된 프로젝트는 이 책의 홈페이지인 https://cafe.naver.com/scratchprogramming의 '스크래치 책' 게시판의 '하늘에서 떨어지는 물고기 잡기 (6장)'에서 제공하지만 직접 만들어 보기 바랍니다.

완성된 프로젝트 주소: https://scratch.mit.edu/projects/288899530/

Lesson 7. 피아노

응용 문제 7-1 ▶ 완성된 프로젝트는 이 책의 홈페이지인 https://cafe.naver.com/ scratchprogramming의 '스크래치 책' 게시판의 '피아노 (7장)'에서 제공하지만 직접 만들어 보기 바랍니다.

완성된 프로젝트 주소: https://scratch.mit.edu/projects/288900226/

Lesson 8. 그림판

도전 문제 8-1

 '굵기' 변수값이 1보다 큰 조건은 다음과 같습니다.

도전 문제 8-2

응용 문제 8-1 ▶ 완성된 프로젝트는 이 책의 홈페이지인 https://cafe.naver.com/scratchprogramming의 '스크래치 책' 게시판의 '그림판 (8장)'에서 제공하지만 직접 만들어 보기 바랍니다.

완성된 프로젝트 주소: https://scratch.mit.edu/projects/288902250/

Lesson 9. 홀짝 게임

도전 문제 9-1 ▶ 짝수를 2로 나눈 나머지는 0이 되므로 정답은 0입니다.

도전 문제 9-2

사용자가 대답한 내용인 '대답'과 '정답'이 같으면 맞았다는 조건이 됩니다.

도전 문제 9-3 ▶ '맞힌수' 변수값을 1 증가시키는 방법은 다음 2가지가 있습니다.

완성된 프로젝트는 이 책의 홈페이지인 https://cafe.naver.com/scratchprogramming의 '스크래치 책' 게시판의 '홀짝 게임 (9장)'에서 제공하지만 직접 만들어 보기 바랍니다.

응용 문제 9-1 ▶ 완성된 프로젝트는 이 책의 홈페이지인 https://cafe.naver.com/scratchprogramming의 '스크래치 책' 게시판의 '홀짝 게임 (9장)'에서 제공하지만 직접 만들어 보기 바랍니다.

완성된 프로젝트 주소: https://scratch.mit.edu/projects/288903063/

Lesson 10. 참참참 게임

도전 문제 10-1

▼를 눌러 선택합니다.

도전 문제 10-2

▼를 눌러 선택합니다.

도전 문제 10-3

'펭귄선택' 변수, 1, '펭귄선택' 변수, 2 순입니다.

도전 문제 10-4

사용자가 선택한 방향 정보는 '사용자방향' 변수에 저장되고 펭귄이 선택한 방향 정보는 '펭귄방향 변수에 저장되어 있으므로 다음과 같습니다.

응용 문제 10-1 ▶ 완성된 프로젝트는 이 책의 홈페이지인 https://cafe.naver.com/ scratchprogramming의 '스크래치 책' 게시판의 '참참참 게임 (10장)'에서 제공하지만 직접 만들어 보기 바랍니다.

완성된 프로젝트 주소: https://scratch.mit.edu/projects/288904265/

Lesson 11. 확률 게임

도전 문제 11-1 ▶ '눈' 변수를 넣으면 됩니다. '눈' 변수값이 1이면 '주사위' 스프라이트의 모양이 1로 바뀌고, 3이면 주사위 모양이 3으로 바뀝니다.

도전 문제 11-2 주사위 눈의 수는 '눈' 변수값이므로 '눈' 변수를 넣으면 됩니다.

도전 문제 11-3 케익을 클릭한 횟수는 '클릭수' 변수에 저장되므로 다음과 같습니다.

도전 문제 11-4 추첨 번호는 '행운의수' 변수에 저장되므로 '행운의수' 변수를 넣으면 됩니다.

응용 문제 11-1 완성된 프로젝트는 이 책의 홈페이지인 https://cafe.naver.com/scratchprogramming의 '스크래치 책' 게시판의 '확률 게임 (11장)'에서 제공하지만 직접 만들어 보기 바랍니다.

완성된 프로젝트 주소: https://scratch.mit.edu/projects/288905498/

Lesson 12. 비만 관리하기

도전 문제 12-1 cm 단위의 키를 m 단위로 변경하려면 100으로 나누어야 합니다. 그러므로 정답은 다음과 같습니다.

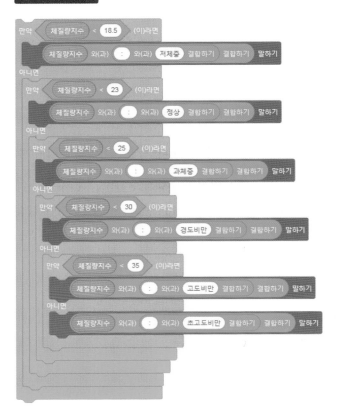

도전 문제 12-3 허리둘레를 키로 나누어야 합니다. 그러므로 정답은 다음과 같습니다.

허리둘레-키 비율 ▼ 을(를) (허리둘레 ÷ 키) 로 정하기

만약 ⟨ 허리둘레-키 비율 < 0.43 ⟩ (이)라면
    ⟨ 허리둘레-키 비율 와(과) : 와(과) 저체중 결합하기 결합하기 ⟩ 말하기
아니면
    만약 ⟨ 허리둘레-키 비율 < 0.53 ⟩ (이)라면
        ⟨ 허리둘레-키 비율 와(과) : 와(과) 정상 결합하기 결합하기 ⟩ 말하기
    아니면
        만약 ⟨ 허리둘레-키 비율 < 0.58 ⟩ (이)라면
            ⟨ 허리둘레-키 비율 와(과) : 와(과) 과체중 결합하기 결합하기 ⟩ 말하기
        아니면
            만약 ⟨ 허리둘레-키 비율 < 0.63 ⟩ (이)라면
                ⟨ 허리둘레-키 비율 와(과) : 와(과) 비만 결합하기 결합하기 ⟩ 말하기
            아니면
                ⟨ 허리둘레-키 비율 와(과) : 와(과) 고도비만 결합하기 결합하기 ⟩ 말하기

Lesson 13. 정다각형 그리기

한 변을 그리고 120도 회전하는 동작을 3번 반복하면 됩니다.

팬 내리기
3 번 반복하기
    100 만큼 움직이기
    0.1 초 기다리기
    ↻ 방향으로 120 도 회전하기
    0.1 초 기다리기
팬 올리기

도전 문제 13-2

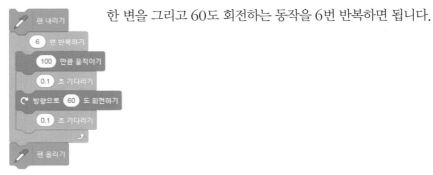

한 변을 그리고 60도 회전하는 동작을 6번 반복하면 됩니다.

도전 문제 13-3 ▶ 회전하는 각도는 정다각형의 외각입니다. n각형의 외각은 360/n에 의해 구할 수 있으므로 360/n입니다.

도전 문제 13-4

한 변을 그리고 360/n도 회전하는 동작을 n번 반복하면 됩니다.

도전 문제 13-5

한 변을 그리고 360/변의수도 회전하는 동작을 n번 반복하면 됩니다.

응용 문제 13-1 완성된 프로젝트는 이 책의 홈페이지인 https://cafe.naver.com/
scratchprogramming의 '스크래치 책' 게시판의 '정다각형 그리기 (13장)'에서 제공하지
만 직접 만들어 보기 바랍니다.

완성된 프로젝트 주소: https://scratch.mit.edu/projects/288921388/

Lesson 14. 거미줄 그리기

응용 문제 14-1

한 변을 그린 후에 60도 회전하는 동작을 6번 반복하면 됩니다.

응용 문제 14-2 완성된 프로젝트는 이 책의 홈페이지인 https://cafe.naver.com/
scratchprogramming의 '스크래치 책' 게시판의 '거미줄 그리기 (14장)'에서 제공하지만 직
접 만들어 보기 바랍니다.

완성된 프로젝트 주소: https://scratch.mit.edu/projects/288922081/

도전 문제 14-1

'길이' 변수값을 40 증가시키면 됩니다.

응용 문제 14-3 완성된 프로젝트는 이 책의 홈페이지인 https://cafe.naver.com/
scratchprogramming의 '스크래치 책' 게시판의 '거미줄 그리기 (14장)'에서 제공하지만 직
접 만들어 보기 바랍니다.

완성된 프로젝트 주소: https://scratch.mit.edu/projects/288921885/

Lesson 15. 재귀 블록으로 도형 그리기

도전 문제 15-1

재귀 호출할 때 개수는 1 감소하고 길이는 10 증가하므로 다음과 같습니다. 개수 값이 0 이하가 되면 재귀 호출하지 않습니다.

도전 문제 15-2

재귀 호출할 때 개수는 1 감소하고 길이는 1/2 감소하므로 다음과 같습니다. 개수 값이 0 이하가 되면 재귀 호출하지 않습니다.

Lesson 16. 시어핀스키 삼각형 그리기

응용 문제 16-1

다음과 같은 그림이 그려집니다. 완성된 프로젝트는 이 책의 홈페이지인 https://cafe.naver.com/scratchprogramming의 '스크래치 책' 게시판의 '시어핀스키 삼각형 그리기 (16장)'에서 제공합니다.

Lesson 17. 덧셈 뺄셈 공부방

응용 문제 17-1

'임시' 변수에 '수1' 변수값을 저장하고 있어야 합니다.

도전 문제 17-1

'자릿수' 변수값이 1이면 반복 구조가 0번, 2면 1번, 3이면 2번, … 반복해야 하므로 '자릿수' 변수값-1번 반복하면 됩니다.

'최소' 변수값에 10을 곱한 값에서 1을 빼면 됩니다.

사용자가 대답한 내용인 '대답'과 '정답'이 같으면 맞았다는 조건이 됩니다.

'수1' 값과 '수2' 값을 교환하는 스크립트는 다음과 같습니다.

응용 문제 17-2 완성된 프로젝트는 이 책의 홈페이지인 https://cafe.naver.com/scratchprogramming의 '스크래치 책' 게시판의 '덧셈 뺄셈 공부방 (17장)'에서 제공하지만 직접 만들어 보기 바랍니다.

완성된 프로젝트 주소: https://scratch.mit.edu/projects/288925337/

Lesson 18. 행운의 복불복

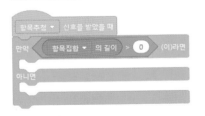

'항목집합' 리스트의 길이가 0보다 크면 항목이 있다는 것을 의미합니다.

응용 문제 18-1 완성된 프로젝트는 이 책의 홈페이지인 https://cafe.naver.com/scratchprogramming의 '스크래치 책' 게시판의 '행운의 복불복 (18장)'에서 제공하지만 직접 만들어 보기 바랍니다.

완성된 프로젝트 주소: https://scratch.mit.edu/projects/288995087/

Lesson 19. 영어듣기평가

도전 문제 19-1

cat을 dog로 변경하면 됩니다.

응용 문제 19-1 완성된 프로젝트는 이 책의 홈페이지인 https://cafe.naver.com/scratchprogramming의 '스크래치 책' 게시판의 '영어듣기평가 (19장)'에서 제공하지만 직접 만들어 보기 바랍니다. 단, 테스트를 통과한 단어를 리스트에서 삭제하는 기능만 추가했습니다.

완성된 프로젝트 주소: https://scratch.mit.edu/projects/288995513/

Lesson 20. 외국어 단어 테스트

도전 문제 20-1

'단어' 리스트에 사용자가 대답한 단어가 포함되어 있다는 조건은 다음과 같습니다.

도전 문제 20-2

사용자가 대답한 단어가 정답이 되는 조건은 다음과 같습니다.

도전 문제 20-3

'위치' 변수값을 1 증가시키면 됩니다.

응용 문제 20-1 완성된 프로젝트는 이 책의 홈페이지인 https://cafe.naver.com/ scratchprogramming의 '스크래치 책' 게시판의 '외국어 단어 테스트 (20장)'에서 제공하지만 직접 만들어 보기 바랍니다.

완성된 프로젝트 주소: https://scratch.mit.edu/projects/288996455/

Lesson 21. 동물 영어 이름 맞추기 퀴즈

도전 문제 21-1 사용자 대답이 '동물이름' 리스트의 '위치' 번째 항목과 같으면 맞았다는 조건이 됩니다.

도전 문제 21-2 '동물이름' 리스트에서 '위치'번째 항목이 방금 질문한 동물 이름이므로 '동물이름' 리스트에서 '위치'번째 항목을 삭제하면 됩니다.

위치 번째 항목을 동물이름 ▼ 에서 삭제하기

응용 문제 21-1 완성된 프로젝트는 이 책의 홈페이지인 https://cafe.naver.com/ scratchprogramming의 '스크래치 책' 게시판의 '동물 영어 이름 맞추기 퀴즈 (21장)'에서 제공하지만 직접 만들어 보기 바랍니다.

완성된 프로젝트 주소: https://scratch.mit.edu/projects/288997229/

찾아보기

찾아보기